Musikmärchen In diesem Band sind Märchen versammelt, die von der übernatürlichen Macht der Musik erzählen. Es geht dabei nicht um Erzähltypen, in denen zufällig ein Musikinstrument auftaucht oder Musikdarbietungen erwähnt werden. Vielmehr wurden solche Märchen ausgewählt, in denen die Musik als »Movens« eine für die Handlung wesentliche Rolle spielt.
Die Musik als konstituierendes Element im Märchen soll etwas vom Wesen und der Wirkung der Musik auf Menschen und Tiere vermitteln, wie sie die Völker schon in der Frühzeit empfunden haben.
Die meisten der in diesem Band abgedruckten Märchen stammen aus der europäischen Überlieferung und sind Zaubermärchen, also echte Märchen im Unterschied zu mythologischen Erzählungen, die von Entstehung, Einführung und Verwendung von Musik und Musikinstrumenten sprechen oder von übernatürlichen Wesen, die den Menschen den Gebrauch eines Musikinstrumentes lehren.

Leander Petzoldt ist Professor an der Universität Innsbruck und Direktor des Instituts für Europäische Ethnologie. Sein Spezialgebiet ist die Vergleichende Erzählforschung. Er ist Autor zahlreicher Publikationen und wissenschaftlicher Werke. In der Reihe ›Märchen der Welt‹ im Fischer Taschenbuch Verlag ist Leander Petzoldt Herausgeber der Bände ›Märchen aus Österreich‹ (Bd. 11064) und ›Märchen von Tieren‹ (Bd. 11943).

Musikmärchen

Herausgegeben und
mit einem Nachwort von
Leander Petzoldt

Fischer
Taschenbuch
Verlag

10.–11. Tausend: November 1995

Originalausgabe
Veröffentlicht im Fischer Taschenbuch Verlag GmbH,
Frankfurt am Main, Dezember 1994

Satz: Fotosatz Otto Gutfreund GmbH, Darmstadt
Druck und Bindung: Clausen & Bosse, Leck
Printed in Germany
ISBN 3-596-12463-8

Gedruckt auf chlor- und säurefreiem Papier

Inhaltsverzeichnis

Der Geiger und seine drei Gesellen

Ein Graf hatte einen Geiger in seinem Schloß, der spielte sehr schön und vertrieb ihm manche böse Laune. Plötzlich starb aber der Graf, und da hatte der arme Geiger kein Brot mehr, denn die Erben wiesen ihn aus dem Schloß, und er konnte betteln gehen. Da geigte er vor den Türen der Reichen und der Armen und bekam ab und zu auch Geld und Brot, aber es kam ihn doch hart an, da er es viel besser gewohnt war. Bettelbrot, saures Brot, dachte er oft und war recht betrübt, so daß ihm das Weinen näher stand als das Lachen. Eines Abends kam er in einen Wald, da legte er sich unter einer Eiche nieder, betete recht fromm und schlief ein. Als er morgens aufwachte, stand ein alter Mann mit grauen Haaren vor ihm, der sah ihn an und fragte: »Lieber Musikant, wo fehlt's denn? Ich dachte, du müßtest immer lustig sein.« Der Geiger klagte ihm seine Not, da sprach der Greis: »Dir kann geholfen werden. Gehe weiter in den Wald hinein, so kommst du an ein altes verfallenes Schloß, da geh hinein, rühre aber nichts an, bis du an ein Zimmer kommst, worin ein Korb mit drei jungen Schweinchen steht, die nimm mit, sie sind dein Glück.«

»Wie soll ich das verstehen?« fragte der Geiger, und der Greis antwortete: »Wenn du geigest, tanzen sie. Nimm sie mit zu des Königs Schloß, da wohnt die Prinzessin, die ist zwanzig Jahre alt und hat noch nie gelacht. Wer sie aber zum Lachen bringt, soll sie zur Gemahlin bekommen, das hat der König ausrufen lassen, und sie wird lachen, wenn sie deine drei Schweinchen tanzen sieht. Jetzt weißt du genug. Fehlt dir in der Folge etwas, dann denke nur an mich, und ich will bei dir sein.«

Der Geiger dankte dem Greis und ging weiter in den Wald hinein, bis er an eine große Lichtung kam, da lag das Schloß. Es sah zwar von außen verfallen aus, aber als er hineinkam, war es sehr schön darin. Im Hof lag ein großer Weiher, darauf schwammen drei schwarze Schwäne, die ließen die Köpfe hängen, als ob sie traurig wären. In den Zimmern waren große Reichtümer aufgehäuft, aber alles war schwarz ausgeschlagen. In dem letzten Zimmer endlich stand der Korb mit den drei Schweinchen, den nahm der Geiger und kehrte zurück bis vor das Schloß; da holte er seine Geige heraus und spielte einen Hopser. Alsbald sprang das erste Ferkel heraus, stellte sich auf die Hinterbeine, wedelte mit dem Schwänzchen und machte mit den Vorderfüßen allerhand Bewegungen. Da kam das zweite hinzu und gleich drauf das dritte, und alle drei tanzten und sprangen und quiekten dazu, daß der Geiger sich hätte totlachen mögen.

Jetzt schwoll ihm der Mut, und er zog getrost der Hauptstadt des Königreiches zu. Da stellte er sich vor das Schloß auf den großen Platz und fing an zu geigen und spielte so schön, daß der König mit seiner ganzen Familie ans Fenster kam, auch die schöne Prinzessin. Als der Geiger sie sah und wie sie ein so trostloses Gesicht machte, öffnete er seinen Korb, da sprangen die Schweinchen eins nach dem andern heraus und tanzten so possig, daß die Prinzessin vor Lachen gar nicht zu sich kommen konnte und rief und flehte, er möge doch die Ferkel wieder einsperren, sie stürbe sonst vor Lachen. Da wurde der Geiger ins Schloß beschieden, und der König fragte ihn, was er für seine Schweinchen haben wolle? »Ich verkaufe sie nicht«, sprach der Geiger, »denn sie tanzen nur, wenn ich aufspiele, aber ich begehre nun die Prinzessin zur Frau, da ich sie zum Lachen gebracht habe.«

»Das versteht sich von selbst, komm, laß uns zu ihr gehen«, sprach der König.
Als sie zu ihr kamen und der König ihr sagte, der Geiger sei ihr Bräutigam, ärgerte sie sich, denn sie war sehr stolzen und hochfahrenden Sinnes. »Wenn mein Vater dir eine Aufgabe gestellt hat, um mich zu erwerben«, sprach sie, »so stelle ich dir auch eine, und die ist, daß du drei Nächte in dem verwünschten Schloß im Walde schläfst. Jetzt gehe, und komme mir nicht eher wieder vor die Augen, bis du die Aufgabe gelöst hast.«
Da ging der Geiger traurig weg, und der König, dem das leid tat, führte ihn in ein schönes Zimmer und ließ ihn prächtig bedienen. Der Geiger aß aber nichts und trank nichts, blieb auch nicht in dem Schloß, sondern ging in den Wald. Da fiel ihm ein, was der Greis ihm gesagt hatte, und er dachte sehnsuchtsvoll an ihn; sogleich stand der Greis neben ihm, so schnell, als wenn die Sonne plötzlich hinter den Wolken hervorkommt und man mit einemmal seinen Schatten neben sich sieht. »Was fehlt dir denn? Du siehst so traurig aus«, wollte der Greis wissen.
Der Geiger erzählte ihm alles, und der Greis gab ihm gute Ratschläge, so daß er fröhlichen Herzens dem Schloß zuschritt.
Es war dasselbe Schloß, wo er die drei Schweinchen geholt hatte. Als er in den Hof kam, hoben die drei schwarzen Schwäne die Köpfe und schlugen mit den Flügeln, als ob sie sich freuten. Er kehrte sich aber nicht an sie, sondern ging in das vierte der schwarzen Zimmer, da stand ein Tisch mit allerlei Speisen, und er ließ es sich recht wohlschmecken. Gegen elf Uhr in der Nacht nahm er einige Kissen von dem Bett, welches in der Stube stand, legte sie auf den Boden und sich darauf, wie ihm der Greis befohlen hatte; einschlafen aber konnte er nicht. Er lag nicht lange, als die Tür aufsprang und eine große Schlange sich hereinringelte, die kam auf ihn zu und legte ihren kalten Kopf

in sein rechtes Ohr. Gleich darauf sprang die Tür wieder auf, und eine zweite Schlange kam, welche ihren Kopf in sein linkes Ohr legte. Dann kam zuletzt eine dritte, die legte sich mit ihrem kalten glatten Leibe quer über seinen Hals, und sie war so schwer, daß sie ihn wie ein Mühlstein drückte. So blieben alle drei Schlangen liegen bis zwölf Uhr, dann krochen sie wieder der Tür zu und waren verschwunden; er aber stand auf und legte sich in sein Bett, wo er nach dem ausgestandenen Schrecken ganz prächtig schlief, denn daß er nicht ohne Angst war, kann man sich wohl denken. Am Morgen stand sein Frühstück schon bereit, das ließ er nicht kalt werden, denn er hatte gewaltigen Hunger. Alsdann ging er in dem Schloß umher und schaute sich die Zimmer alle an. Zuletzt kam er auch in den Schloßhof und an den Teich; da flogen die Schwäne auf ihn zu und taten gar freundlich mit ihm. Sie waren aber nicht mehr ganz schwarz, wie am Tage vorher, sondern ihre Köpfe und Hälse waren jetzt schneeweiß. Er strich mit den Händen über ihr Gefieder, da blickten sie ihn mit klugen Augen an, so daß ihm ganz sonderbar ums Herz wurde.

Also ging die Zeit vorüber bis zum Abend, da machte er sich sein Lager zurecht, und bald kamen die Schlangen wieder und legten sich zu ihm, wie in der vorigen Nacht. Diesmal drückte ihn die eine, welche auf seinem Halse lag, noch viel schwerer, doch er rührte und regte sich nicht, und um zwölf Uhr verschwanden sie wieder. Als er des Morgens an den Teich im Schloßhof kam, da flatterten die Schwäne gar zu freudig auf dem Wasser, und sie waren jetzt weiß bis zum Schwanz, der hatte noch einige schwarze Federn. Das freute ihn so sehr, daß ihm der Tag verstrich, er wußte nicht wie.

In der folgenden Nacht ging's ihm wieder wie die beiden vorigen Nächte, nur drückte ihn die dicke Schlange diesmal, daß er es kaum aushalten konnte und all seine Kraft zusammennehmen mußte, um nicht zu schreien. Als die Schlangen aber um zwölf Uhr verschwanden, da krachte das Schloß, als sollte es zusammenbrechen, dann wurde es ganz still. Morgens stand er schon früh auf, um nach seinen lieben Schwänen zu sehen, aber als er die Tür seines Zimmers öffnete, da kam im Gang eine ganze Reihe von Dienern und Dienerinnen dahergeschritten und zuletzt drei schöne Jungfrauen, die traten zu ihm heran und sprachen: »Wir waren die drei Schwäne und die drei Schlangen, du hast uns erlöst aus unserer Verwünschung. Wir gehen nun heim zu unserm Vater und schenken dir zum Dank dieses Schloß mit allen Schätzen, welche darin sind.« Alsdann nahmen sie Abschied von ihm, setzten sich in einen Wagen und fuhren weg.

Nun wurde ihm die Zeit bald zu lang in dem Schloß, er befahl den Dienern, den schönsten Wagen mit den schönsten Pferden zu bespannen, und fuhr in das Schloß des Königs. Diesem erzählte er alles, und der König führte ihn zu der Prinzessin und sprach: »Er hat sein Leben für dich eingesetzt, und jetzt mußt du ihn heiraten; er kann dich ernähren, denn er hat ein Schloß mit großen Reichtümern.« Sie antwortete: »Die Schätze sind mir nicht genug, er muß vorher beim Kaiser von Marokko das Geld holen, welches derselbe uns seit Jahren schuldig ist; es ist eine ganze Schatzkammer voll.«

Das ärgerte den König, aber er war recht schwach, und die Prinzessin war sehr eigensinnig, und wenn sie etwas wollte, so setzte sie es durch. So blieb dem Geiger nichts übrig, als zu sehen, wie er diese neue Aufgabe erfüllen könne.

Er ging vor die Stadt hinaus, da fiel ihm der Greis ein, und kaum dachte er an ihn, so stand er auch schon da. »Du siehst mir ja wieder recht betrübt aus, was fehlt dir denn?« fragte der Greis, und der Geiger erzählte ihm von der neuen Aufgabe, die so schwer sei, daß er nicht wisse, wie man sie ohne eine große Flotte mit vieler Seemannschaft lösen könne. Der Greis sprach: »Nimm dir Reisegeld aus deinem Schloß und reise ans Meer. Unterwegs werden wackere Gesellen zu dir stoßen, die nimm mit, sie sind dir von großem Nutzen.« Da wurde der Geiger wieder guten Mutes, stopfte sich in seinem Schloß die Taschen voll Geld und zog dem Meer zu.

Der Weg führte aber durch einen Wald, der war sehr lang. Als er eine Tagereise weit darin war, hörte er ein Krachen und Rumoren, als wenn Bäume umstürzten. Er ging auf das Geräusch zu, da sah er einen Kerl, der riß Eichen aus wie unsereiner ein Unkraut; die legte er auf einen Haufen, drehte eine junge Eiche und band sie damit zusammen. »Was machst du da, und wer bist du denn?« fragte der Geiger.

»Wer ich bin? Der Hans bin ich«, sagte der Kerl, »der sieben Jahre an seiner Mutter Brust gelegen und sieben Jahre Löwenmilch getrunken hat. Meine Mutter will Wäsche waschen, und dazu habe ich ihr ein wenig Reisig geholt.«

Das ist schon einer, dachte der Geiger und sprach: »Höre, ich will dir was sagen, ich gebe dir Kost und einen guten Lohn: willst du mit mir gehn?«

»Das will ich wohl«, sagte der Hans, »aber zuvor muß ich meiner Mutter das Bündel heimtragen.« Tat's und kam bald zurück; da zogen die beiden miteinander fort, und der Geiger freute sich, einen so wackern Gesellen gefunden zu haben.

Als sie einige Stunden weitergereist waren, kamen sie zu einer Höhe, von der herab sie siebenundsiebzig Windmühlen sahen, welche alle lustig ihre Flügel drehten, aber es war kein Wind zu spüren. Auf der andern Seite der Höhe trafen sie auf einen Kerl, der hielt ein Nasenloch zu und blies mit dem andern, was gibst du, was hast du.

»Was machst du denn da?« fragte der Geiger, und der Kerl

antwortete: »Seht ihr denn nicht, daß ich die Windmühlen dort in Schwung setzen muß?«

»So nimm doch deine beiden Nasenlöcher dazu«, sprach der Geiger.

»Das würde schöne Geschichten geben«, erwiderte der Kerl. »Dann flögen die Mühlen weg, daß man keine Spur mehr von ihnen sähe.«

»Höre, laß mit dir reden, ich gebe dir Kost und gute Löhnung, dann gehst du mit uns«, sprach der Geiger, und der Bläser war damit zufrieden, denn er wurde schlecht für seine Mühe bezahlt.

So zog der Geiger mit den beiden weiter, da kamen sie an eine große Waldwiese, wo eine Menge Hasen und Rehe herumsprangen. Es sprang da auch ein Kerl zwischen ihnen, der eins fangen wollte, aber wie schnell auch die Tiere liefen, er sprang stets weit über sie hinaus.

»Was machst du da?« rief der Geiger, und der Kerl antwortete: »Ei, das seht ihr wohl, ich möchte mir einen Hasen fangen, aber sie laufen so langsam; mit den Rehen geht es etwas besser, aber langsam sind sie doch.«

»Du bist mein Mann«, sprach der Geiger. »Wenn du mit mir gehn willst, gebe ich dir Kost und guten Lohn.«

»Ich bin dabei«, sagte der Läufer und ging mit.

Jetzt hatten sie nicht mehr weit bis zur See, und da trafen sie gerade ein Schiff an, welches direkt nach dem Königreich Marokko fuhr. Der Geiger stieg mit seinen Gesellen hinein, und sie waren bald auf der hohen See. Da sahen sie von ferne drei Schiffe kommen, welche mit vollen Segeln auf sie zueilten. »O weh, jetzt sind wir verloren, da kommen drei Schiffe mit Seeräubern!« rief der Steuermann.

Da sprach der Bläser: »Laß sie nur recht nahe heran, damit ich sehen kann, wie solch ein Kerl aussieht, hernach will ich uns schon Ruhe vor ihnen schaffen.«

Als sie nun ganz nahe waren, rief der Hauptmann der Seeräuber: »Jetzt ergebt euch, oder ihr werdet alle ermordet.«

»Ei, was du sagst! Ist das dein Ernst?« fragte der Bläser und blies aus einem Nasenloch das eine Schiff an, da flog es in die Luft, überschlug sich und fiel ins Wasser; dann blies er die beiden andern mit beiden Nasenlöchern an, und innerhalb einer Minute sah man sie nicht mehr, und niemand wußte, wohin sie geflogen waren. »So, das hast du für dein großes Maul«, sagte der Bläser und ging wieder zu seinen Kameraden.

Am folgenden Tage kamen sie in dem Königreich Marokko an, und der Geiger ließ sich zum König führen. Der König lachte, als er seine Botschaft ausrichtete und das Geld zurückverlangte. Er sprach: »Du sollst so viel davon haben, als ein Mann tragen kann, mehr gebe ich dir nicht, das sage deinem König, und wenn er mehr will, soll er es sich selbst holen.«

»Damit bin ich ganz zufrieden«, sprach der Geiger, »ich will nicht mehr, als mein Geselle Hans tragen kann.« Sogleich ließ er einige Zimmerleute kommen, die mußten einen großen, großen Kasten aus starkem Holz zusammenbauen, der wurde vor des Königs Schatzkammer gestellt. Der König wollte sich totlachen, als er den Kasten sah, und ließ einen Sack Gold nach dem andern hineintragen, aber so viel hatte er doch nicht, daß der Kasten voll wurde. Da kam Hans, sah sich den Kasten an und sprach: »Der ist ja halb leer, was soll das heißen? Voll muß er sein, sonst ist's ja nicht der Mühe wert, ihn zu heben.«

Da lachte der König noch mehr, aber der Geiger sprach: »Wir wollen es gut sein lassen, komm Hans.« Jetzt griff Hans zu, wupps, da saß der Kasten auf seiner Schulter, und er ging mit dem Geiger und den beiden anderen Gesellen fort. Jetzt verging dem König das Lachen, und er lief was er konnte in sein Schloß, wo er Befehl gab, die vier sogleich zu verfolgen, und dazu sollte alle Mannschaft, Infanterie und Kavallerie, ausrücken.

Also kamen die vier ans Stadttor, da ging der Kasten nicht

durch, denn er war viel größer als das Tor. Hans setzte ihn nieder, schmiß das ganze Tor zusammen und ging weiter der See zu. Kaum hatten sie aber die Stadt im Rücken, da gab es Lärm, und die ganze Armee des Königs eilte ihnen nach. »Halt da, das ist ein Spaß für mich«, sagte der Bläser und öffnete ein Nasenloch ein wenig, da flog die ganze Armee wie eine schwarze Staubwolke in die Luft und über die Stadt hinüber, daß es eine Lust war anzusehen. Ungestört gingen sie jetzt zu Schiffe und in das Königreich zurück.

Jetzt, sollte man meinen, hätte die Prinzessin zufrieden sein müssen, aber nein, es war, als hätte sie einen Haß auf den Geiger. Als er ihr all die ungeheuren Schätze brachte, sprach sie: »Jetzt ist es gut, und ich will dich heiraten, doch mußt du mir zum Hochzeitsbraten drei Rehe liefern, die dürfen nicht geschossen, nicht geschlagen und nicht von Hunden gebissen sein.«

»Dann kann die Hochzeit morgen schon stattfinden«, sagte der Geiger, »denn ich will die Rehe heute noch liefern.«

»Erst will ich sie sehen«, erwiderte die Prinzessin.

Da ging er zu seinen Gesellen und schickte den Bläser an das Ende des Waldes, welcher vor der Hauptstadt lag, da mußte er zuerst mit einem, dann mit beiden Nasenlöchern blasen. Dem Läufer band er die Beine zusammen, so daß er nicht so große Sprünge machen konnte, und blieb mit ihm und Hans, der einen großen Sack trug, vor dem Wald stehn. Als der Bläser anfing zu blasen, da kam das Wild zu Tausenden aus dem Wald; der Läufer sprang den Rehen nach und fing sie ein, und wenn er ein halbes Dutzend hatte, trug er sie zu Hans, der sie in seinen Sack steckte. Als der Sack voll war, ging der Geiger mit seinen Dienern wieder zum Schloß, und der Läufer sprang voraus übers Stadttor und zwei Reihen Häuser weg. Vor dem Schloß wurden die Straßen abgesperrt, und Hans öffnete seinen

Sack, da liefen wohl achthundert Rehe heraus. Der Geiger aber ging zur Prinzessin und sprach: »Jetzt könnt Ihr Euch drei zum Hochzeitsbraten auswählen.«
Nun war nichts mehr zu machen, die Prinzessin mußte den Geiger nehmen, und sogleich ernannte ihr Vater ihn zum Vizekönig. Die drei Diener aber erhielten sehr gute Besoldung auf Lebenszeit. Nun hätte der Geiger gern auch dem Greis seinen Dank abgestattet und dachte: Wäre er doch jetzt hier!
Da stand der Greis neben ihm, und der Geiger fiel ihm zu Füßen und bat ihn zu sagen, wie er sich ihm dankbar erweisen könne?
Da sprach der Greis: »Räume mir eine Kammer in deinem Schloß, wo ich jede Neujahrsnacht schlafen kann, denn nur einmal im Jahr komme ich hierher, das ist dein Dank und mein Lohn.« Solches geschah, und das Glück wohnte im Schloß und wich nicht draus.

[Märchen aus Deutschland]

Das Zauberspiel der Geige

◎◎◎◎◎◎

Es war einmal ein Musikant, der nahe am dunklen Wald ein kleines Häuschen bewohnte. Freude und Ermutigung in traurigen Zeiten war sein einziges Söhnchen, das er sehr liebte. Vater und Mutter erzogen das Söhnchen mit aller Sorgfalt und taten ihm alles Gute. Doch Pintlašk – so hieß er – entging doch nicht einem schrecklichen Unglück. Eines Tages ging die Mutter ins Holz, und den Vater bestellten sie ins Gasthaus, um aufzuspielen. Unweit im Walde aber war eine Fuchshöhle. In der harten Kälte fanden die vier dort wohnenden Füchse nicht mehr genügend Futter und hungerten schon mehrere Tage. Da kam der kleine Pintlašk aus dem Hof und lief in den Wald, um die Mutter zu suchen. Die Füchse, die sonst den Menschen nichts taten, wetzten heute schon von weitem ihre Zähne nach Pintlašk. Der Arme trippelte nichtsahnend vorüber, und sieh, da zog ihn ein Fuchs mit in die tiefe Höhle. Eingesperrt zwischen den vier Füchsen, zitterte und weinte Pintlašk schrecklich.

Bald darauf kam der Vater nach Hause, um nachzuschauen, und erschrak über alle Maßen, daß er seinen Liebling nicht fand. Weil er aber wußte, daß die Füchse manchmal in großer Not Kinder stehlen, ging er sogleich traurig mit seiner Geige und einer schweren Keule zur Fuchshöhle. Mit seinem Spiel bezauberte er die Zuhörer in der Tiefe und sang dazu mit traurig-inniger Stimme: »Činćelin, mein Geigelein, vier Füchse sind im Loch, der fünfte ist mein Pintlašk!«

Als die Füchse das hören, wundern sie sich, wer wohl so

schön spielt und singt. »Schwesterchen«, sagte einer von ihnen, »ich muß nachsehen.« Der Musikant, der die Neugier der Füchse kannte, hatte sich gerade seitlich des Einganges hingestellt. Da kam der Fuchs angeschlichen, guckte aus dem Loch, und pris, pras erschlug ihn die Keule des Musikanten. Und wieder begann der Musikant: »Čincélin, mein Geigelein, drei Füchse sind im Loch, der vierte ist mein Sohn Pintlašk!« Den zurückgebliebenen Füchsen erscheint die Abwesenheit ihres Gesellen sehr lang. »Ihm gefällt es dort sicherlich recht gut«, erzählen sie untereinander, »wahrscheinlich tanzen sie dort bei der lustigen Musik. Lauf, Schwesterchen, sieh nach und bring uns Nachricht!«

Der neugierige Fuchs läuft, guckt, und – pris, pras schlägt ihn der Musikant auf den Kopf. Von neuem und mächtiger spielt und singt der Musikant: »Čincélin, mein Geigelein, zwei Füchse sind im Loch, der dritte ist mein Sohn Pintlašk!« Als weder der erste noch der zweite Fuchs zurückkam, meinten die beiden letzten: »Jetzt erst gefällt es ihnen, wenn zwei beisammen sind. Gehen wir ihnen nach!« Fröhlich eilen sie, gucken, aber, pris, pras, pris, pras, unter dem starken Schlag der Keule verblutet ihr Leben.

Nun ruft der Vater fröhlich in das Loch hinein: »Pintlašk, mein lieber Junge, komm!«

Pintlašk hörte das und kam rasch aus der Finsternis ans Tageslicht. Wie groß war seine Freude, als er aus den Klauen der Füchse erlöst und in der Umarmung seines Vaters ausruhte. Noch lange konnte er den Eltern und anderen Leuten nicht genug von seinem gefährlichen Versteck erzählen. Als er größer geworden war, besorgte ihm der Vater aus den erschlagenen Füchsen einen zottigen Pelz, der ihn vielleicht heute noch wärmt.

[Märchen aus der Lausitz]

Der Gesang des Phönix

Es war einmal ein blinder König, dem keine Kunst der Ärzte das Licht der Augen wiederbringen konnte. Zuletzt gab ihm ein Wahrsager den Bescheid, er würde nicht eher wieder sehend werden, als bis man ihm den Vogel Phönix brächte; nur dessen Gesang könnte das Wunder bewirken. Da machten sich die drei Söhne des Königs, einer nach dem andern, auf den Weg, den Vogel Phönix zu suchen. Der Älteste kam in den ersten Tagen in eine große Stadt und sah da einen prächtig gebauten Palast, aus dessen Fenstern ihm ein schöngekleidetes Fräulein winkte. Auch hörte er allerlei lustige Weisen spielen. Da bedachte er sich nicht lange, sondern ging hinauf, kam aber nicht wieder herunter.

Dasselbe Schicksal hatte auch der zweite Sohn. Nun war die Reihe an dem dritten; den wollte aber der Vater, da er allein noch übrig war, lange Zeit nicht von sich lassen, zumal er ihn am liebsten hatte. Zuletzt erhielt er doch Urlaub, bestieg sein Roß und trabte davon. Bald kam er auch in die große Stadt und an dem prächtigen Palast vorbei, wo so lustig gesungen und gejubelt wurde und das schöne Fräulein ihm aus dem Fenster winkte. Der Lärm war ihm aber da zu laut; er gab seinem Pferde die Sporen und ritt in ein Wirtshaus, wo er Nachtherberge nahm.

Als er nun lag und schlief, weckte ihn ein Pochen an der Tür. »Herein!« rief er und rieb sich lachend die Augen, weil er wohl wußte, daß niemand hereintreten würde, denn er hatte die Tür verriegelt. Da pochte es erneut, und lachend rief er wieder: »Herein!« und freute sich, daß der

Narr an der Tür so lange stehen mußte. Aber noch zum drittenmal pochte es, und er rief wieder: »Herein!« Aber nun war es ihm nicht mehr zum Lachen, denn die Tür ging auf, und eine lange, bleiche Gestalt trat auf ihn zu. »Fürchte dich nicht«, redete sie den Prinzen an, »sondern erweise mir eine Wohltat, es soll dein Schaden nicht sein. Ich mußte diesem Wirt einmal die Zeche schuldig bleiben. Da fiel er über mich her und warf mich die Treppe herab, daß ich Arm und Bein zerbrach; zuletzt schlug er mich gar tot und zog meinen Leib dann in den Keller hinab und verscharrte ihn. Wenn du nun dem Wirt meine Schuld bezahlst und mich christlich begraben läßt, so werde ich erlöst sein und dir auch einmal helfen.«

Darauf verschwand der Geist. Der Prinz aber, dem es eiskalt über den Rücken gelaufen war, konnte nicht wieder einschlafen. Sobald der Hahn krähte, stand er auf und fragte den Wirt, ob er nicht etwas im Hause habe, das nicht hineingehöre, sondern auf den Friedhof. Der Wirt wurde sogleich weiß wie eine Wand, dann aber fing er ganz gottlos zu schimpfen an über den Gast, der seine Zeche nicht bezahlt hatte. Als er aber hörte, daß der Prinz diese Zeche bezahlen und den Toten ehrlich begraben lassen wollte, beruhigte er sich wieder und war dem Prinzen gerne behilflich, die Leiche aus dem Keller zu schaffen.

Als dem Toten sein Recht geschehen war, ritt der Prinz fort, den Vogel Phönix zu suchen. Da kam er durch einen großen, dunklen Wald, wo ihm plötzlich ein Wolf in den Weg lief. Da sprang der Prinz im ersten Schrecken vom Pferd und erstach es, damit der Wolf sich an dem Pferde sättige und ihn ziehen ließe. Wie erschrak er aber, als der Wolf seinen Rachen auftat und ihn anredete: »Wehe, warum hast du das Pferd getötet? Wir hätten beide darauf sitzen können; so aber mußt du nun auf meinem Rücken reiten, denn ich will dein Reisegefährte sein.« Da der Wolf so schön reden konnte, setzte sich der Prinz auf seinen

Rücken, und das Tier lief über Stock und Pflock mit ihm davon.
So kamen sie bald zu einem herrlichen Schloß in schöner Landschaft. »Siehst du«, sagte der Wolf, »da ist das Zauberschloß: da mußt du nun hinaufgehen; da wirst du ein ganzes Zimmer voll schöner Vögel und Vogelkörbe sehen. Aber nimm ja keinen davon, sondern ganz im Winkel nimm das schlechte Vogelhaus: darin ist der Vogel Phönix. Und neben ihm steht ein goldener Mann, den berühre ja nicht, sonst ist alles umsonst.«
Der Königssohn gehorchte und fand alles so, wie es der Wolf beschrieben hatte. Als er aber im Winkel den Vogel Phönix sah, mußte er lachen, denn das arme Ding schaute aus wie eine gerupfte Henne. Der Vogel gefällt mir nicht, dachte sich der Prinz, aber der goldene Mann desto besser. Am besten ist, ich nehme sie beide. Als er aber den goldenen Mann berührte, schrien alle Vögel durcheinander: »Dieb, Dieb, Dieb!«, und eine Schar Diener ergriff den Prinzen und führte ihn vor den Schloßherrn.
Da mußte er alles erzählen, wie es ihm ergangen sei und warum er den Vogel habe nehmen wollen. Da sagte der Herr: »Weil die Sache so steht, will ich dich freilassen. Ich will dir auch, damit dein Vater sehend werde, den Vogel geben, wenn du mir das Roß verschaffst, das so schnell läuft, wie der Wind weht. Wenn du das bringst, so ist der Vogel dein!«
So kam der Königssohn zurück zu dem Wolf, der ihn tüchtig ausschalt wegen seines Ungehorsams. »Wenn du mir gefolgt hättest, so wäre nun alles vorbei und du könntest heimreiten. Nun mußt du dich wieder auf meinen Rücken setzen, bis wir das windschnelle Roß gefunden haben.« Der Prinz war froh, daß er mit Schelten davonkam, und setzte sich wieder dem Wolf auf den Rücken. Nach kurzer Zeit kamen sie zu einem anderen Schloß, wo der Wolf stillestand und den Prinz absteigen hieß. »Du

mußt nun hinter das Schloß gehen, bis du eine große Tür findest: wenn du da hineingehst, wirst du viele schöne Pferde sehen. Nimm aber keins von den schönen, sondern das schlechteste und magerste von allen nimm, das ist das rechte!«

Da ging der Prinz und fand alles so, wie der Wolf gesagt hatte. Als er aber unter vielen schönen Schimmeln das schlechte Pferd sah, sagte er halblaut: »Himmel, das ist ein Klepper! Daran könnt' ich meinen Hut aufhängen. Das Tier kann ja kaum stehen.« Da band er es los und wollte schon damit fort; aber noch unter der Tür kehrte er wieder um: »Auf dem Klepper kann ich ja nicht reiten. Warum denn das schlechteste nehmen, wo es so viele gute gibt?« Rasch hatte er schon ein anderes ergriffen und wollte damit fort; aber da entstand ein Höllenlärm: hundert Hunde packten ihn, und fort ging's zum Schloßherrn.

»Wer hat dich geheißen meine Pferde stehlen, du Landstreicher!« fuhr der ihn an.

Da stand der Prinz wieder als Dieb da und mußte seine Geschichte erzählen, damit er nur davonkäme. Da lachte ihn der Herr aus, und die Diener halfen dabei; zuletzt sprach aber der Schloßherr: »Mir liegt nicht so viel an dem Roß, ich wollte es dir schon geben, wenn du mir die schönste Frau, die auf der Welt zu finden, herbeibrächtest.«

»So einen folgsamen und klugen Prinzen, wie du bist, wird man nicht leicht finden«, sagte der Wolf, als der ohne das Roß zu ihm zurückkam. Der Prinz wußte nicht, was er sagen sollte, und mußte sich nun wieder auf des Wolfes Rücken setzen. Über Stock und Stein ging es nun fort, bis sie nach drei Tagen wieder vor dem Tor eines schönen Schlosses hielten, wo der Prinz absteigen mußte.

»Geh jetzt hinauf ins Schloß«, sprach der Wolf, »und durch alle Zimmer, bis du in eines kommst, wo du zwei Frauen schlafend findest: eine ist schwarz wie die Nacht, die andere weiß und schön wie der Tag. Die Schwarze mußt du nehmen, sonst helfe dir, wer kann, ich kann's nimmer!«

Da ging der Prinz in das Schloß und kam durch viele Säle und Zimmer und fand auch endlich das, worin zwei Frauen schliefen. Die eine war schwarz wie die Nacht, die andere schön wie der Tag. Der Prinz wußte sich nicht zu helfen und stand lange unschlüssig. »Soll ich die Schwarze nehmen oder nicht? Pfui tausend! Aber wenn ich sie nicht nehme, ist's aus. Was tut dann mein blinder Vater? Ja, ich nehme die Schwarze!« Sein Entschluß stand fest, er nahm die Schwarze bei der Hand. Sie stand auf und folgte ihm. Als sie aber vor dem Schloßtor waren, wurde sie so schön wie der helle Tag, noch schöner, als die andere gewesen war. Sie dankte auch dem Prinzen, der sie erlöst hatte.

Nun trippelte auch der Wolf daher und sprach ihr zu, sich nicht zu fürchten, und den Prinzen lobte er, daß er dieses Mal die Probe bestanden habe. Dann nahm er sie beide auf den Rücken und trug sie zu dem Schloß, wo das windschnelle Pferd war.

Da ging der Prinz mit der Jungfrau zu dem Schloßherrn und sagte: »Hier ist die Schönste auf der Welt. Jetzt halte dein Versprechen!«

Da hieß der Herr das Pferd in den Schloßhof führen. Der Prinz aber stellte sich, als traue er ihm nicht recht, und sagte: »Wer weiß, ob das der windschnelle Schimmel ist; ich will ihn erst probieren.« Alsbald schwang er sich mit der Jungfrau auf, und das Roß ward nun schön und groß, und im gleichen Augenblick standen sie vor dem Schloß, wo der Vogel Phönix war.

Als er hier einritt, stand der Schloßherr gerade am Fenster. »Hier ist das Roß, das du verlangt hast«, rief ihm der Prinz hinauf, »jetzt gib mir den Vogel!« Da kam der Herr hinab mit dem Vogel und hieß den Prinzen absteigen. »Nein«,

sagte er, »das tu' ich nicht, du könntest Roß und Vogel für dich behalten. Das ist ja wohl auch nicht der rechte Phönix, laß sehen.«
Der Herr reichte ihm den Vogel. »Ja, das ist schon der rechte, schönen Dank!« und spornstreichs war der Königssohn mit Roß und Jungfrau und Vogel davon. Sie ritten oder vielmehr flogen nun fort, bis sie in den Wald kamen, wo der Wolf dem Königssohn begegnet war. »Hier bleib' ich zurück«, sagte der Wolf, »weißt du, wer ich bin?«
»Wie könnt' ich das wissen?«
»Ich bin der Geist des Toten, den du losgekauft und jetzt erlöst hast. Siehst du nun, daß es dein Schaden nicht war? Wenn du nun bald in die Stadt kommst, so laß dir ja nicht einfallen, Galgenfleisch zu kaufen.«
»Wo denkst du hin, Wolf, wie würd' ich das wohl?«
»Kauf kein Fleisch vom Galgen! Das sag' ich dir«, rief der Wolf noch einmal und verschwand.
Da ritt der Prinz in die Stadt, und wie er an das Tor kam, sah er eine große Menge Menschen und hörte, da sollten zwei Lumpen, gar nasse Brüder, hingerichtet werden, die alles verjubelt hätten. Als der Wagen herbeikam, worauf die Missetäter saßen, gruselte es den Prinzen vom Kopf bis zu den Zehen, denn er erkannte seine beiden Brüder. Da war es sein erstes, sie loszukaufen und neu zu kleiden; dann setzte er sich mit ihnen auf das windschnelle Roß und ritt in die Heimat.
Unterwegs stieß der eine Bruder den andern an und flüsterte ihm zu: »Wir müssen uns schämen vor dem Vater, daß unser jüngster Bruder alles gewonnen hat und wir nichts, das wird uns Reich und Thron kosten. Du bist der Älteste, dir gebührt es. Geh, wir schneiden dem Jungen den Hals ab und verbergen ihn dort unter dem Laubhaufen; dann bringen wir dem Vater den Vogel und nehmen Roß und Jungfrau für uns.«

»Das ist wahr«, sagte der Ältere, »der Milchbart darf nicht König werden!« Da schnitten sie dem Jüngeren, der sich nichts Böses versah, in den Hals und warfen ihn unter den Laubhaufen. Als sie nun in die Hauptstadt kamen und dem blinden König den Wundervogel brachten, freute er sich sehr; aber seine Freude war bald in Trauer verkehrt, weil der jüngste Sohn nicht mitgekommen war und der Phönix nicht singen wollte und so zerrupft im Käfig saß.

Unterdes hatte der treue Wolf den jüngsten Bruder unter dem Laube hervorgescharrt; der war auch noch nicht tot, und als der Wolf seine Halswunde beleckt hatte, stand er gesund wieder auf. »Gelt! wieder nicht gefolgt«, sagte der Wolf, »mußtest du doch Galgenfleisch kaufen! Jetzt geh nur schnell heim, daß dein Vater wieder sehend werde; deine Brüder aber laß nur gleich an den Galgen hängen, denn dahin gehören sie.«

Der Prinz dankte dem Wolf und ging ganz traurig auf die Hauptstadt zu und in das Schloß seines Vaters, und als er die Zimmertür öffnete, fing der Phönix wunderschön zu singen an und war auch wieder so schön, als er gewesen war. Im nämlichen Augenblick erhielt auch der König sein Augenlicht wieder. Als sie den Vogel singen hörten, sprangen auch die beiden Brüder herein; aber sie erblaßten, als sie den jüngsten wiedersahen, und hatten auch Grund dazu, denn als durch die Erzählung des Prinzen ihre Schuld an den Tag kam, ließ der König sie hinrichten. Dann hielt der Prinz Hochzeit mit der erlösten Jungfrau, und da hätten wir wohl auch dabeisein mögen, nicht wahr? Ja, bei der Hochzeit schon, aber bei der Hinrichtung nicht!

[Märchen aus Tirol]

Der Maultrommelspieler

◎◎◎◎◎◎

Vor zwei oder drei Menschenaltern verschwand ein dreijähriger Ochse, der Leuten gehörte, die auf einer Alp im Westfjäll hausten. Sie mochten nach ihm suchen, soviel sie wollten, sie konnten ihn nicht finden, denn sie zogen im Herbst wieder zu Tal. Während die Großmutter am Tag vor der Talfahrt draußen im Schuppen den Rahm von den Milchschüsseln schöpfte und die erste Magd in der Hütte den Käse aus dem großen Kessel fischte, kam ein kleines Hirtenmädel hereingesprungen und rief, der große Ochse stehe an der Salzlecke und lecke. Als die Mutter in einem Augenblick hinaustrat, sah sie gar nichts, was nur irgend wie ein Ochse aussehen konnte. Da meinte sie, das kleine Mädchen habe wohl falsch gesehen; aber die Kleine blieb dabei, es sei der große Ochse gewesen.

»Ich habe den weißen Fleck gesehen, den er an der Stirn hat, und er hatte sich das eine Horn abgebrochen«, sagte sie. Der Mann selber und zwei von den Söhnen waren jeder nach einer anderen Richtung unterwegs und suchten und suchten; aber alle drei kamen sie am Abend zurück, und keiner hatte etwas gefunden. Als sie hörten, was das kleine Mädchen erzählte, warf sich der eine von den Söhnen auf sein Pferd und ritt in gestrecktem Galopp heim, um seine Büchse zu holen, lud sie mit kleinen Stückchen von einem stählernen Pfeil, kehrte in höchster Eile zurück und schoß kreuzweise über die Salzlecke. »War der Ochse verhext, so sollte er nun zum Vorschein kommen«, meinte er. Aber es half nichts, der Ochse war und blieb verschwunden.

Der älteste Sohn sollte noch einmal auf die Alp hinaufgehen und sich überall umsehen. Er suchte nach allen Himmelsrichtungen, weit und breit, bis er meinte, er rieche den Ochsen; aber trotzdem: er sah kein lebendes Wesen, weder da noch dort, so lang der Tag war. Schließlich wurde er zornig und schwor, das verhexte Vieh solle gehen bis an der Welt Ende; wenn es nicht mit der übrigen Herde gehen wolle, so könne man ihm ja die Freude lassen. Damit kehrte er um, ging auf die Almhütte zu, so rasch er konnte, und hatte vor, auf dem Heimweg den Bären mitzunehmen, den er erlegt hatte.
Da stand am Zaun der Almhütte der große Ochse und leckte Salz. Und das eine Horn hatte er abgebrochen. Wo er sich so lange herumgetrieben hatte, wußte er wohl selber, der Bursche wußte es nicht.
Nun war es aber schon so weit am Tag, daß er gerade noch heimkommen konnte, wenn er ging, wie er war, und sich eilte, was er konnte. Hätte er aber noch dazu den Ochsen führen und ziehen sollen, so wäre es finstere Nacht geworden, ehe er recht unterwegs war. Das sind dunkle Herbstnächte, müßt ihr wissen, und kalt dazu, und da ist nicht gut sein unter freiem Himmel im Gebirg. Darum beschloß er, bis zum Morgen zu warten, obgleich die Nacht auch öde und einsam werden mußte in der Alphütte. Also hieb er sich einen gehörigen Arm voll Birkenreis, legte es auf den Herd, und bald wurde es in der Hütte warm und behaglich und so hell wie in einer Weihnachtsstube. Als er sein Abendbrot gegessen hatte, warf er sich auf die Pritsche, zog seine Maultrommel aus der Westentasche und fing an, den Thomasglockenreigen zu spielen. Aber er spielte nicht lange, da schlief er schon mit dem Instrument im Munde ein.
Auf einmal erwachte er wieder und meinte am andern Ende der Hütte etwas ganz leise rascheln zu hören; er wandte den Kopf ein wenig und erblickte ein junges schö-

nes Mädchen, das am Tisch stand und ihre Haare flocht. Die waren so lang, daß sie dem Mädchen bis über die Hüften fielen, und so schön und glänzend, als ob sie vergoldet wären. Ihr Gesicht konnte der Bursche nicht gleich sehen, aber als sie sich ihm einmal zuwandte, dünkte ihm, sie sei das schönste und feinste Mädchen, das ihm je vor Augen gekommen war. Ihresgleichen war weit und breit nicht zu finden, und er kannte die Mädchen der Gegend, vornehme und geringe.

Der Bursche wagte nicht, sie anzureden; sie glaubte sich allein und sah so lieb und treuherzig aus, daß er fürchtete, sie zu verscheuchen. Also lag er mäuschenstill und bewegte nicht einmal einen Fuß.

Auf einmal kam ein anderes Mädchen herein; aber sie war von derberem Aussehen und hatte einen großen Mund und dunkle Gesichtsfarbe, nicht so hell und frisch wie die erste; sie gefiel ihm nicht so gut. Beide waren gleich angezogen: sie hatten grüne Röcke und Leibchen von rotem Samt, blaue Strümpfe und blanke Silberschnallen an den Schuhen. Die jüngere hatte weiße Hemdärmel, die nur so blendeten vor Frische. Ihr Leibchen war ausgeschnitten, und man sah eine schöne runde Spange, die einen feinen Klang gab, wenn sich das Mädchen nur im mindesten rührte. Der Bursche begriff nun, was für eine Art Mädchen das waren, und wunderte sich je länger je mehr darüber, daß es bei den Unterirdischen so schöne Frauen gäbe. Es war Samstagabend, und deshalb schmückten und putzten sie sich wohl auch so eifrig: sie erwarteten wohl auch Besuch oder Freier. Der Bursche konnte nicht genau verstehen, was sie miteinander sprachen, denn sie wisperten so leise, daß er nur dann und wann ein Wort auffing; einmal sprachen sie von einem kleinen weißen Lämmchen, das am Tage lahm gegangen war.

»Ja, daran war der Bursche schuld, der in allen den leeren Hütten auf der ganzen Alm herumgefahren ist und nach dem brandroten Ochsen suchte. Ich habe gesehen, daß er mit einem Stein nach dem Lämmchen geworfen hat«, sagte die Ältere, die den großen Mund und das dunkle Antlitz hatte. »Eigentlich sollte man ihn dafür strafen!« meinte sie.

»Ja, aber er hat nicht gewußt, daß es ein Lamm war«, gab die Jüngere zurück, die Schöne mit den roten Wangen. »Es war auch nicht recht von der Großmutter, daß sie ihm seinen Ochsen versteckt hat und ihn weit und breit danach suchen ließ.«

»Er hätte ja seinen Ochsen nehmen können, der stand ja gerade neben der Hütte, und er lief haardicht an ihm vorbei«, gab die Ältere zurück.

»Ja, weißt du, aber er hielt ihn für eine Ratte«, sagte darauf die Jüngere.

»Ach, wie dumm sind doch die Leute«, sagte die Ältere wieder und lachte, daß es sie nur so schüttelte, »sie wollen so siebenmal klug sein und können einen brandroten Ochsen nicht von einer Ratte unterscheiden! Ha ha ha!« und sie lachte so von Herzen darüber, daß auch ihre Schwester davon angesteckt wurde, und der Bursche mußte das Gesicht auch ein wenig zum Lächeln verziehen.

Nach einer Weile fing er an, einen ausgelassenen Tanz zu spielen. Aber da bekamen die Mädchen einen gewaltigen Schrecken. Die schrien und überstürzten sich fast vor Entsetzen, und weg waren sie! Aber der Bursche spielte weiter.

Nach einer kleinen Weile steckte die eine den Kopf zur Tür herein, und als sie sahen, worüber sie so erschrocken waren, fingen sie an, draußen auf dem Vorplatz zu flüstern und zu kichern. Nach einer Weile wagten sie sich hinein und begannen nach dem Reigen zu tanzen. Und die Mädchen konnten sich wahrhaftig drehen und die Beine brauchen! Sie flogen fast über den unebenen Boden dahin und waren so taktfest, daß jeder Schritt an seinem Platz war.

Als sie eine Weile getanzt hatten und der Bursche mit ihnen bekannt geworden war – wie er meinte –, machte er seinen Gürtel los und schlang ihn um die schönere von den beiden und zog sie zu sich heran. Und sie ließ sich ziehen. Das ärgerte den Burschen, er hatte nicht geglaubt, daß ein so feines und schönes Mädchen sich so leichten Kaufes gewinnen ließe. Er ließ wie aus Unachtsamkeit das eine Ende des Gürtels los, und witsch – war sie davon! Ihre Schwester rannte hinterdrein und warf die Tür hart hinter sich zu.

Nun ärgerte sich der Bursche über sich selber, weil er sich's hatte verdrießen lassen. Aber er dachte, er sei wohl nicht wert, ein so schönes und liebes Mädchen zu bekommen, denn es ist ein altes Wort, daß keiner seinem Schicksal entgehen kann. Schließlich dachte er, er könne sie vielleicht wieder durch sein Spiel herbeilocken, und er spielte eine Weise nach der andern, das Schönste, was er wußte. Aber die Huldremädchen ließen sich nicht mehr sehen. Schließlich wurden seine Hände und sein Mund so müde, daß er aufhören mußte. Da kam ihm die *Blaue Weise* in den Sinn, die ein Spielmann in seiner Gegend in alten Zeiten von den Unterirdischen gelernt hatte. Kaum hatte er sie begonnen, als die beiden schon wieder hereingefegt kamen.

»Du spielst schön, du«, sagte die Jüngere.

»Man muß wohl schön spielen, wenn man so schöne Zuhörer hat«, gab der Bursche zurück.

»Ja, so sagte die Katze, da hatte sie eine Maus gefangen«, lachte das Mädchen.

»Kommt her, ich will euch die *Blaue Weise* lehren!« sagte er. Sie kamen herbei und schauten ihm beim Spielen zu. Nach einer Weile griff die jüngere ihm in die Westentasche.

»Aber was ist denn das, ist das Lakritze?« fragte sie und zog eine Rolle Tabak hervor.

»Ja, versuch nur!« sagte der Bursche darauf. Sie biß ein Stückchen ab, spuckte es aber gleich wieder auf den Boden und zog ein jämmerliches, saures Gesicht.
»Das ist aber eine bissige Lakritze«, sagte sie und putzte sich die Zunge am Ärmel ihres Hemdes ab.
»Ist das wirklich so bissig?« fragte die andere und wollte auch versuchen. Der Bursche gab ihr auch davon, und es ging ihr ebenso. Nie im Leben mehr wolle sie solche Lakritze haben, versicherte sie.
»Nein, ich will dir sagen, wie du gute Lakritze bekommst«, sagte die eine, »du mußt die Wurzel einer Blume kochen, die man Merialin nennt, und dieses Wasser in den Wacholderbeersaft gießen, dann bekommst du eine süße und gute Lakritze, die auch gegen Zahnweh hilft.«
Der Bursche sagte, er wolle es einmal versuchen, wenn er die Pflanze gefunden hätte.
Gegen Abend wollten die Mädchen wieder gehen; er war deswegen ganz verzweifelt und bat sie, noch eine Weile zu bleiben. Aber die Mädchen wollten durchaus nicht. Ihre Mutter erlaube es ihnen nicht, sagten sie. Als der Bursche sah, daß sie wirklich fortgingen, kam er ganz von Sinnen; er hatte das jüngere Huldremädchen so über alle Maßen gern, und nun sollte er sie nie mehr sehen! Ohne zu wissen, was er tat, warf er ihr die Maultrommel nach und traf sie am Kopf, gerade als sie zur Tür hinausging. – Da kam sie wieder herein.
»Mutter, Mutter, ein Christenmensch hat Schwester Sireld gewonnen!« rief die andere draußen auf dem Vorplatz.
Bald darauf kam ein uraltes Weib hinkend und schlurfend in die Hütte. Ihr Gesicht war so runzlig und dunkel, daß die gelben Zähne daraus hervorleuchteten, denn die hatte sie, so alt sie auch war.
»Nun kannst du sie behalten, da du sie gewonnen hast, jetzt ist sie nicht mehr verhext«, sagte die Alte zu dem

Burschen, »wenn du gut zu ihr bist, so soll es dir nicht an Nahrung und Kleidung fehlen, und du sollst haben, was du am Sonntag und am Werktag brauchst. Bist du aber böse zu ihr, so sollst du es nicht umsonst gewesen sein!« sagte die Alte und erhob ihren Stock, als ob sie dem Burschen auf den Leib rücken wollte. Damit humpelte sie wieder hinaus.

Er fand, er sei auf diese Art doch recht schnell zu einer Frau gekommen, und fragte das Mädchen, wie die Sache zusammenhinge.

»Die Maultrommel hat mich so schwer am Kopf getroffen, daß ein Tropfen Blut floß«, erklärte das Mädchen, »und das war das Beste, was du hättest tun können, denn ich will viel lieber bei Christenmenschen als bei den Unterirdischen sein.«

Er hatte sie auch jetzt über alle Maßen gern; aber doch schien ihm, als ob er nichts Schlimmeres hätte tun können; alles war so rasch gegangen, und er hatte nichts zum Heiraten; aber nun war es eben geschehen. Am nächsten Morgen ging sie mit ihm heim. Seine Leute wunderten sich sehr, daß er mit solcher Begleitung nach Hause kam, und waren böse auf ihn; und sie suchten Fehler und Tadel an dem Mädchen, aber sie konnten nichts an ihr auszusetzen finden; das einzige war, daß sie gelbe Zähne hatte, aber das konnte ja nicht viel ausmachen. Im Umgang war sie über alle Maßen freundlich, und es ging kein Mädchen zur Kirche hinauf, das ihr an Schönheit gleichkam.

Aber nach der Hochzeit fing er nach und nach an, sie schlecht zu behandeln. Er konnte nie vergessen, daß sie keine Christin war, wißt ihr; er schmollte und war immerfort böse und in schlechter Laune und redete niemals ein freundliches Wort mit ihr. Und er schlug ihr alles ab, worum sie ihn bat; war es auch die kleinste Kleinigkeit, immer hatte er nur ein kurzes »Nein« dafür. Sie war trotzdem gut und freundlich und tat, als ob sie seine bösen

Worte nicht hörte, und war immer hilfreich und gütig. Aber das war ganz gleich, er wurde doch von Tag zu Tag schlimmer. Rückwärts ging es mit ihnen, denn Streit im Haus jagt das Glück hinaus. Schließlich sah es aus, als ob sie Stab und Bettelsack nehmen und wie andere Bettler von Hof zu Hof ziehen müßten.

Eines Tages wußte sie gar nicht mehr, was sie den Leuten zu essen geben sollte, denn es war auch nicht eine Brotkruste im Haus. Da wurde sie traurig, denn sie hätte es ja anders haben können, wenn er sie besser behandelt hätte; er stand gerade in der Schmiede und wollte ein Pferd beschlagen; da ging sie zu ihm hinaus.

»Willst du mir nun nicht den Pferch zimmern, um den ich dich schon so viele, viele Male gebeten habe?« bat sie. »Tu es jetzt, ich will das Pferd beschlagen.« Und sie riß das glühende Hufeisen von der Esse und bog es mit den bloßen Händen zurecht. Als er sah, was für Künste sie beherrschte, bekam er Angst und zimmerte ihr richtig einen schönen großen Pferch hinter dem Stall, richtete einen Pfosten auf und schlug einen Haken hinein, gerade wie sie gesagt hatte. Am Morgen darauf war der ganze Pferch voller brandroter Rinder, die waren groß und fett und schön und gaben viel Milch; so gute Kühe hatte man noch nirgends gesehen. Am Haken hing ein kupferner Melkeimer und ein Paar Salzhörner mit einem silbernen Ring daran, um sie aufzuhängen. Nun dauerte es nicht lange, wie ihr euch denken könnt, so herrschte auf dem Hof wieder Reichtum und Überfluß.

Eine Zeitlang ging es nun ganz gut. Er ließ sie im Hause arbeiten und befehlen, und sie hatte ein besonderes Glück mit allem, was sie anfing, so daß der Reichtum von allen Seiten herbeiströmte. Aber schließlich fing er wieder an, sie schlecht zu behandeln. Ihm fiel es auf Schritt und Tritt ein, daß sie keine Christin war, mochte sie noch so lieb und freundlich und fügsam sein und in allem wie andere rechte Leute, nur viel, viel schöner. Einmal langte er die Feuerzange von der Wand herunter und wollte sie schlagen. Da sprang sie auf und bat ihn so eindringlich, er solle ihr nichts tun. »Sonst werden wir alle beide unglücklich!« sagte sie. Aber er hörte nicht darauf und schlug sie auf den Kopf, bis das Blut über die Zange und über seine Hand lief. Da war sie auf einmal vor seinen Augen verschwunden. Es war, als sei sie durch die Wand davongeschwebt oder im Boden versunken. Er sah sie nirgends, aber er hörte eine Frau schluchzen und weinen, ganz still und leise und schmerzlich und sterbenstraurig. Nach einer kleinen Weile wurde alles stumm und still – und nun hörte er nichts mehr.

Er suchte und suchte tagaus, tagein, hier und dort, hin und her, und auch seine Nachbarn gingen mit und halfen ihm suchen, aber es half nichts, er fand sie nicht und fand nicht einmal eine Spur von ihr. Wenn er im Sommer auf der Alp war und die anderen Leute auch oben waren, und auch wenn sie schon fort waren, konnte er Nacht für Nacht dasitzen und die *Blaue Weise* spielen; doch er sah sie nicht mehr und auch niemanden von ihren Leuten.

Es war in dem Sommer, als sein kleines Töchterchen so alt war, daß es in die Schule zu gehen anfing. Da sagte sie eines Tages, als er auf die Alp kam, zu ihrem Vater: »Ich soll dir einen schönen Gruß von der Mutter sagen!«

»Ach nein, mein kleines Mädchen, wirklich! Wo hast du denn mit ihr gesprochen?« fragte er.

»Sie und zwei andere kamen an dem Tage hierher, als Guro die Schafe holte, und seitdem ist sie oft hergekommen«, gab die Kleine zur Antwort, »und sie haben mir auch ihre Spangen gegeben«, sagte sie und zeigte ihm drei schöne runde Spangen.

»Will sie denn nicht wieder zu uns nach Hause kommen?« fragte er, das könnt ihr euch denken.

»Sie hat gesagt, das ginge wirklich nicht an, und sie müsse dich die ganze Zeit gegen Leute beschützen, die dir etwas antun wollten!« sagte die Kleine.
Traurig war er schon zuvor gewesen, und das wurde nun nicht viel besser. Und es war ein Glück, daß es nicht mehr viele Jahre dauerte, bis die Erde sich über ihm schloß.

[Märchen aus Island]

Der Königssohn in der Drehorgel

Es war einmal ein König, der hatte zwei Söhne. Eines Tages schlich der Älteste in seines Vaters Stube, obgleich derselbe das streng verboten hatte, und da sah er an der Wand ein Bild hängen, welches die schönste Prinzessin darstellte, die ein Mensch sich vorstellen kann. Der Prinz stand davor und schlug die Hände über dem Kopf zusammen und konnte sich nicht satt sehen an dem Bildnis. Es dauerte aber gar nicht lange, so kam der alte König dazu. Der wurde zornig und warf den Prinzen zur Stube hinaus, und so sehr er auch bat und flehte, er möge ihm doch sagen, wer die Prinzessin sei und wo ihr Land läge, der Vater offenbarte es ihm nicht. Das tat er aber deshalb, damit sein Sohn nicht um die Prinzessin warb und sich dabei den Tod zuzog.

Solange der alte König noch am Leben war, durfte denn auch der Prinz gar nicht von der schönen Königstochter auf dem Bilde reden; als der Vater jedoch die Augen für immer geschlossen hatte, ließ er alle Zauberer und Weisen aus dem ganzen Land zusammenkommen. Die mußten das Bild ansehen und dann sagen, was es damit auf sich habe.

Alle Mühe war jedoch vergeblich, niemand wußte ein Wort darüber zu reden, bis endlich ein ganz alter Zauberer vor den jungen König trat und sprach: »Die Prinzessin, welche du suchst, wohnt weit fort von hier in einem Königreich; dort hält sie ihr Vater in einem Schloß unter dem Wasser verborgen. Willst du zu ihr, so laß dir ein Schiff bauen, welches zu Lande und zu Wasser fährt, sonst kannst du das Land nicht erreichen.«

»Und wie komme ich in das verwünschte Schloß unter dem Wasser?« fragte der junge König. »Das mußt du mit List anfangen!« sagte der Zauberer. »Laß dir eine Drehorgel anfertigen mit einem goldenen Lamm davor. Die Orgel muß aber so kunstvoll gebaut sein, daß du dich darin verstecken kannst, während dein Bruder das goldene Lamm am Zügel führt und vor den König tritt.«
Die Rede gefiel dem jungen König wohl, und nachdem er den Zauberer belohnt hatte, ließ er alle Schiffs- und Orgelbauer und alle Goldschmiede des ganzen Landes zusammenkommen, die mußten ihm das Schiff fertigstellen, welches zu Wasser und zu Lande ging, und die wunderschöne Drehorgel mit dem Versteck im Kasten und das goldene Lamm vor dem Wagen. Daran hatten die Leute eine gute Zeit zu arbeiten; aber als ein Jahr verflossen war, wurden sie doch fertig, und nachdem der Leierkasten mit dem goldenen Lamm davor in das Schiff gestellt war, setzte sich der junge König ans Steuerruder, indes der zweite Prinz die Segel in die Höhe zog, und fort fuhren sie über Land und Wasser, bis sie in das Königreich kamen, von dem der alte Zauberer zu ihnen gesagt hatte.
Dort ließen sie das Schiff halten; der König kroch in die Orgel, während sein Bruder das goldene Lamm am Zügel ergriff und hinter sich herzog, daß es den Anschein hatte, als ziehe dasselbe den Wagen mit dem Leierkasten. Vor dem Schloß hielt der Prinz und ließ die Orgel spielen, und das klang so schön, daß alle Leute herbeiliefen und dem Spiel zuhörten. Auch der alte König steckte den Kopf zum Fenster heraus, und als er die wunderschöne Orgel mit dem goldenen Lamm erblickte, winkte er dem Leiermann, daß er zu ihm käme. Als er oben war, sagte der König: »Guter Freund, was soll die Orgel kosten? Ich will sie der Prinzessin, meiner Tochter, schenken!«
»Ach, lieber Herr König«, antwortete der Prinz und stellte sich, als ob er wirklich ein Leiermann sei, »die Orgel ist

mir nicht feil. Ich bin den Branntwein gewohnt, und wenn Ihr mir viel Geld in die Hände gebt, so ist es bald mit lustigen Brüdern vertrunken, und ich habe keinen Verdienst mehr und liege auf der Straße. So ziehe ich von Dorf zu Dorf und von Stadt zu Stadt; der gibt mir einen Dreier und der einen Groschen, und ich habe mein Lebelang ein gutes Auskommen.«

Das mußte der König einsehen; aber weil er die Orgel doch gar zu gern hatte, fragte er den Spielmann, ob er sie ihm nicht auf drei Tage borgen wolle, damit er sie seiner Tochter zeigen könne. Damit war der Prinz einverstanden, und während er sich in der Stadt auf des Königs Rechnung in den teuersten Wirtshäusern gütlich tat, führte der alte König das goldene Lamm durch den Schloßgarten hindurch, immer weiter und weiter, bis er endlich an einen großen See gelangte.

Am Strande auf der Wiese stand ein Busch; und nachdem er sich überall umgesehen hatte, ob ihn auch niemand bemerke – denn daß ein junger König in der Orgel saß, wußte er ja nicht –, griff er in die grünen Zweige hinein und zog eine kleine Rute hervor. Mit der schlug er dreimal auf das Wasser und sprach bei jedem Schlag: »Wasser, wandle dich in Erde!« Sobald er zum dritten Mal die Worte gesprochen hatte, tat sich das Wasser auseinander, und ein breiter Baumgang wurde sichtbar, der führte tief in den See hinab. Diese Straße zog der König den Wagen, bis er zu einem großen Schloß gelangte. Am Fenster saß die Prinzessin und hatte eine Harfe in der Hand und schlug die Saiten und sang dazu, womit sie sich in ihrer Einsamkeit tröstete.

Als sie ihren Vater erblickte, legte sie die Harfe beiseite und rief ihm zu: »Väterchen, du hast also doch nicht meinen Geburtstag vergessen und bringst mir solch schönes Geschenk, daß ich einen Trost habe hier in dem hohen Schloß tief unter dem Wasser?«

»Mein liebes Kind«, sagte der König, »die Orgel will ich dir nur zeigen; schenken kann ich sie dir nicht, weil sie ihrem Herrn nicht feil ist um alle Schätze der Welt.«
Die Prinzessin antwortete: »Wenn du mir die Orgel nicht schenken willst, dann hättest du sie mir gar nicht zeigen sollen!« und schnapp! schlug sie ihrem Vater das Fenster vor der Nase zu und ließ ihn draußen stehen. Das nahm ihr der alte König gewaltig übel, und, ohne sich zu besinnen, drehte er um und kehrte mit dem Gefährt wieder auf die Oberwelt zurück.
Als er oben angelangt war, schlug er mit der kleinen Rute dreimal die Erde des Baumgangs und sprach dabei: »Erde, wandle dich in Wasser!« Alsbald schlugen die Wasserwogen, die zu beiden Seiten standen wie Mauern, wieder zusammen, und soweit das Auge blicken konnte, war nichts zu sehen als Wasser und lauter Wasser. Darauf versteckte der König die Rute in dem Buschwerk und machte, daß er mit der Orgel wieder in das Schloß kam. Dort erhielt der Leiermann sein Eigentum zurück und ging damit in ein Wirtshaus, wo er den Deckel auftat und dem jungen König heraushalf. Kaum war derselbe draußen, so erzählte er seinem Bruder alles, wie es ihm ergangen war, und hieß ihn das Schiff bereithalten und das goldene Lamm mit der Orgel hineinschaffen, derweil er die Prinzessin befreie.
Und das stellte er so an: Er schlich sich durch den Schloßgarten hindurch bis zu der grünen Wiese am See. Dort suchte er in dem Busche nach, und als er die kleine Rute gefunden hatte, tat er wie der alte König, schlug dreimal auf das Wasser und sprach dabei: »Wasser, wandle dich in Erde!« Da ging das Wasser auseinander, und der Baumgang wurde sichtbar; den lief er hinab, so schnell ihn seine Füße zu tragen vermochten, und da dauerte es denn auch gar nicht lange, bis er vor dem Schloß stand. Die Königstochter saß wieder am offenen Fenster und schlug die Harfe und sang dazu; und sie war von so wunderbarer

Schönheit, daß der junge König gar kein Wort zu sagen wagte.
Endlich faßte er sich aber doch ein Herz, rief die Prinzessin bei Namen und fragte sie, ob sie mit ihm kommen möchte, er wolle sie aus dem Gefängnis erlösen. Anfangs erschrak die Prinzessin, als sie den fremden Mann erblickte; da er aber schön von Angesicht war und sie zu befreien versprach, ließ sie sich nicht lange bitten, sondern kam mit ihrer Harfe zu ihm heraus. Dann faßten sie einander bei der Hand und gingen den Baumgang zurück bis an die Wiese. Dort schlug der junge König dreimal mit der Rute auf die Straße und sagte: »Erde, wandle dich in Wasser!«, und als der See alles wieder überflutet hatte, schleuderte er die Rute weit in das Gewässer hinein, damit niemand sie wieder finden konnte. Darauf ging er mit der Prinzessin auf einem Umweg vor die Stadt, wo ihrer der Bruder schon mit dem Schiffe harrte.
Eins, fix, drei waren die beiden hineingestiegen, und das Schiff fuhr los über Land und Sand, über Seen und Flüsse und über das wilde Meer, bis sie in die Stadt gelangten, wo der junge König Herrscher war. Dort stiegen sie aus, und weil der Bruder des Königs schon längst ein reiches Mädchen aus der Nachbarschaft gerne gehabt, feierten die beiden Brüder Verlobung und Hochzeit auf einen Tag und lebten glücklich und zufrieden lange Zeit, nur daß der Frau des Prinzen die junge Königin ein Dorn im Auge war; denn sie mißgönnte ihr die Schönheit und die Macht. Jeden Morgen, wenn sie aufstanden, und jeden Abend, wenn sie zu Bett gingen, lag sie ihrem Mann in den Ohren: »Warum hat dein Bruder, der König, das Harfenmädchen genommen?«, und das trieb sie so lange, bis der Prinz seine Schwägerin auch nicht mehr leiden konnte.
Nun besaß der türkische Sultan in seinem Zimmer dasselbe Bild wie der Vater des jungen Königs. Da vernahm er durch seine Kundschafter, daß die Prinzessin, welche un-

ter dem Wasser verborgen war, geraubt sei. Darüber ergrimmte er sehr, und er rüstete seine Schiffe aus und kreuzte auf allen Meeren, ob er nicht die Prinzessin in seine Gewalt bekommen könnte. Während er gerade mit seinen Kriegsschiffen vor dem Hafen der Stadt des jungen Königs auf der Lauer lag, unternahmen die beiden Prinzen eine Lustfahrt auf ihrem wunderbaren Schiff, das auf dem Lande so gut wie auf dem Wasser fuhr. Sie stachen damit in See; doch als sie ein paar Meilen gefahren waren, fielen des Sultans Schiffe über das kleine Fahrzeug her, und es wurde überwältigt und mit dem König und seinem Bruder in die Türkei gesandt. Dort kam das Schiff in des Sultans Schatzkammer, die beiden Prinzen wurden zu Sklaven gemacht und mußten die härtesten Arbeiten verrichten.

Inzwischen wartete die junge Königin vergeblich darauf, daß ihr Mann von der Lustfahrt heimkehre. Sie lauerte einen Tag und noch einen; als aber auch am dritten Tage das Schifflein nicht einlaufen wollte, zog sie sich Pilgerkleider an, nahm ihre Harfe in die Hand und wanderte in die weite Welt hinaus, um ihren Mann zu suchen. Als sie am Strand war, wurde sie von des Sultans Leuten erblickt; die fielen über sie her, und so sehr sie sich auch sträubte, sie wurde in das Boot geschleppt und an des Sultans Schiff gerudert. In ihrer Not ergriff sie die Harfe, schlug die Saiten und sang dazu:

»Was fehlet dir, mein Herz, daß du so in mir schlägst?
Was ist es, daß du dich so heftig in mir regst?
Warum bewegst du dich mit solcher starken Macht?
Und wie entziehst du mir den süßen Schlaf bei Nacht?

Ich weiß die Ursach wohl, darf selber mich nur fragen,
Der Himmel hat jetzt Lust, mein Herze so zu plagen.
Es schlagen über mir die Unglückswellen her,
Ich schwebe voller Angst auf einem wilden Meer.«

Der Sultan hatte den Gesang vernommen, und es war ihm, als habe er einen Engel gehört, so schön hatte der Pilger gesungen. »Fürchte dich nicht, mein Sohn«, sprach er deshalb zu dem Pilger, »wer so schön singen kann, dem tu' ich nichts zuleide. Jetzt aber nimm deine Harfe und singe noch ein Lied!« Da schlug der Pilger wiederum die Saiten, daß es tönte, und sang dazu:

»In einen Trauersaal hat sich mein Herz verhüllet,
Mein ganzer Lebensgeist mit Unruh ist erfüllet;
Ich kenne mich fast nicht, ich lebe ohne Ruh,
Das Glücke ist mir feind, kehrt mir den Rücken zu.«

Dem Sultan liefen die Tränen in seinen Türkenbart, und er sprach: »Lieber Pilger, das Glück ist dir nicht feind, du sollst es bei mir finden. Komm mit mir, daß ich mit dir heimkehre in mein Reich, da sollst du mein liebster Geselle sein und sollst um mich bleiben den ganzen Tag. Was du willst, das soll geschehen; wenn du befiehlst, so muß dir ein jeder gehorchen; das alles sollst du haben, wenn du mir jeden Tag auf deiner Harfe vorspielst und mich mit deinem Gesang erfreust.« Damit war der Pilger einverstanden, denn er dachte, bei dem Türken seinen Mann wiederzufinden, und so war es auch.

Als der Pilger eines Tages in des Sultans Garten lustwandelte, sah er plötzlich den jungen König und seinen Bruder nackend im Pfluge gehen, und ein Knecht trieb sie an zu der harten Arbeit und schlug sie mit der Peitsche, daß ihr rotes Blut zur Erde troff. Darüber wollte dem Pilger schier das Herz brechen, und er rührte seine Harfe und sang:

»Ich war vor kurzer Zeit in einem schönen Garten.
Darin erblickte ich viel Blumen mancher Arten,
Und unter ihnen sah ich eine Rose blühn,
Nichts mehr verlangte ich, als sie zu mir zu ziehn.

Du edle Rose, die du unter Dornen sitzest,
Und wenn du mir auch gleich mein ganzes Herz zerritzest,
So trag' aus Liebe ich für dich die Wunden gern,
Du aber gönne mir dein Angesicht von fern.«

Aber die beiden Prinzen achteten nicht auf den Gesang; das Joch war zu schwer, und sie fürchteten neue Streiche. Der Pilger jedoch wollte sich nicht zu erkennen geben, damit er nicht verraten würde, und ging aus dem Garten hinaus. An der Pforte sah er noch einmal zurück und sang zum Harfenspiel:

»Jetzt muß ich ganz betrübt aus diesem Garten gehen,
Und niemand fraget mich, wer mich wird traurig sehen.
Wer meinen Zustand weiß, der spottet meiner nicht,
Sonst wollte wünschen ich, daß ihm wie mir geschicht.«

Darauf kehrte sie in das Schloß zurück.

Über eine Zeit begab es sich, daß der Sultan seinen Geburtstag feiern sollte. Da hatte er die Gewohnheit, demjenigen, der ihm zuerst seine Glückwünsche darbrachte, einen Wunsch zu erfüllen, welchen er sagte. Das wußte jedermann im Reiche, und jeder Türke suchte an dem Morgen des Geburtstages zuerst den Sultan zu treffen, damit er ihm seinen Herzenswunsch erfülle. Diesmal waren sie aber allesamt übel beraten, denn der Pilger schlief in dem Zimmer vor des Sultans Schlafgemach. Darum war er auch, als der Sultan an dem Geburtstagsmorgen kaum den Kopf aus der Kammer herausgestreckt hatte, der erste, welcher ihm langes Leben und Glück und Segen im neuen Jahre wünschte. Der Sultan freute sich darüber und hieß den Pilger einen Wunsch sprechen, welchen er wolle; er würde ihm erfüllt werden, so wahr er ein Türke sei.

Da sprach der Pilger schnell: »Herr Sultan, so bitte ich, daß die beiden Prinzen, welche unten im Garten nackt im

Pfluge gehen müssen, als Eure Diener ins Schloß kommen und gehalten werden wie vornehmer Leute Kinder.«

»Mein Sohn«, sagte der Sultan hitzig, »du hast die Bitte gesprochen, und ich muß sie gewähren. Aber lieber hätte ich mein halbes Kaiserreich verschenkt, als diese Bluthunde in mein Schloß zu nehmen!« Daran war jedoch nun nichts mehr zu ändern, die beiden Prinzen kamen als Diener in das Schloß und freuten sich, dem harten Sklavenleben entronnen zu sein. Der Pilger aber stieg trotz dieser Bitte um seines schönen Gesanges willen immer höher in des Sultans Gunst, so daß er ihn zum Obersten setzte im ganzen Türkenlande.

Eines Tages ging der Sultan auf Reisen. Da ließ der Pilger die beiden Prinzen vor sich rufen und sprach zu ihnen: »Ich will euch die Freiheit schenken! Hier ist der Schlüssel zur Schatzkammer! Kommt mit mir, daß ich euch das Schiff gebe, welches zu Lande so gut fährt wie zu Wasser!« Da fielen die Prinzen dem Pilger zu Füßen, denn sie erkannten ihn nicht; er aber hob sie auf und ging mit ihnen zur Schatzkammer und gab ihnen das Schiff. Dahinein setzten sie sich, und nachdem sie sich noch einmal bedankt und versprochen hatten, ihm seine Barmherzigkeit niemals zu vergessen, spannten sie die Segel aus und fuhren ohne Rast und Ruh über Land und Sand, über Flüsse und Seen und über das wilde Meer, bis sie in ihr Königreich gelangten. Dort herrschte große Freude über ihre Ankunft, und es wurde ein prächtiges Fest gefeiert. »Wo ist meine Frau?« fragte der junge König.

»Wo mag sie sein!« antwortete die gottlose Schwägerin; »kaum wart ihr drei Tage fort, so litt sie es auf dem Schloß nicht mehr. Sie nahm ihre Harfe unter den Arm und ging damit zum Strand hinab. Von dort ist sie in die weite Welt gezogen und spielt mit anderen Harfenleuten auf bei Hochzeiten und auf Jahrmärkten. Warum nahmst du dir aber auch ein Harfenmädchen? Die ist nicht umsonst von ihrem Vater unter den tiefen See verwünscht worden!«

Die Worte gingen dem jungen König wie ein Stich durchs Herz; denn er glaubte dem bösen Weib, und dabei hatte er die Prinzessin so liebgehabt, ach so lieb, und nun mußte sie ihn so betrügen. Und er schwor bei sich, er wolle sie auf einem Holzstoß verbrennen lassen, käme sie wieder in seine Hände.

Inzwischen hatte der Pilger nicht gewartet, bis der Sultan von seiner Reise zurückkam, sondern war heimlich aus dem Schloß gewichen und wanderte nun mit seiner Harfe dem Reiche des jungen Königs zu. Unterwegs nahm ihn ein Schiffersmann mitleidig auf, weil er so schön spielen konnte, und da dauerte es denn gar nicht lange, bis das Schiff in dem Hafen der Stadt, wo der junge König herrschte, vor Anker ging. Freudig stieg die Prinzessin an das Land und besorgte sich in einem Kaufladen schöne Kleider; dann zog sie das Pilgerkleid aus, legte es zu der Harfe in den Kasten und gab ihn dem Kaufmann zum Aufbewahren, sie selbst eilte auf das Schloß in des Königs Zimmer und wollte ihm um den Hals fallen. Der hatte aber seine Frau kaum erkannt, so stieß er sie mit dem Fuß von sich, daß ihr die Sinne schwanden und sie ohnmächtig zur Erde sank. Und als sie wieder erwachte, lag sie in einem kalten, schmutzigen Kerker, den nicht Sonne noch Mond beschien.

Drei Tage saß sie darin, dann wurde sie auf den Richtplatz geführt, wo ihr der König das Urteil sprach, daß sie als Landstreicherin und Hexe auf dem Holzstoß verbrannt werden sollte; ihr Verbrechen war ja auch gar zu groß.

Die Schwägerin lachte und freute sich, denn nun wurde sie die Königin im Lande; die Prinzessin aber weinte und bat ihren Mann, ob er ihr nicht, wie jedem Verbrecher, eine letzte Bitte gewähren wolle. Das mochte ihr der König nicht versagen, und da bat sie, daß sie zu dem Kaufmann gehen und ihre Harfe holen und noch ein letztes Stück darauf spielen dürfe. Der Henker mußte sie darauf zu dem Kaufmann begleiten; doch als er mit ihr zurückkam, trauten der König und sein Bruder ihren Augen nicht. Das war keine Prinzessin mehr, sondern der Pilger, welcher sie aus der Sklaverei erlöst hatte. Der aber schlug die Harfe und sang:

»Kennst du den Pilger nicht, daß du ihn so verstößest,
Der viel gewagt an dich, daß du nun bist erlöset,
Vom Sklaven frei gemacht, gebracht in vor'gen Stand?
Ist das für meine Müh, die ich an dich gewandt?

Ach hätt' ich meinen Fuß dir nicht so nah gesetzet,
So hätt' der Dornenstich mein Herz nicht so zerritzet!
Mein abgekühnter Sinn hat mich dahin gebracht,
Daß ich bin so verwund't und ganz und gar veracht't.

Leb wohl, mein lieber Mann, tu dich doch recht
besinnen,
Gleichwie ich dich empfing. Wie mir die Tränen rinnen
Von meinen Wangen her, weil ich so liebte dich!
Der Sultan wundert sich noch oftmals über mich.«

Während der Pilger diese Worte sang, konnten die beiden Prinzen ihre Tränen nicht zurückhalten, und als er mit dem Lied zu Ende gekommen war, fiel ihm der junge König zu Füßen und sang mit flehender Stimme:

»Jetzt bricht mein Herz entzwei, wie hab' ich mich
vergangen
An dir, du Seelenbild! Wie soll ich dich empfangen!
Auf meine matten Knie, da fall' ich nun vor dir
Und küsse deine Füß', mein Kind verzeihe mir!«

Und ob ihm die junge Königin verzieh? Sie hob ihn in die Höhe und zog ihn an ihr Herz, und es wurde Versöhnung gefeiert. Auch der Prinz war jetzt anderen Sinnes geworden; aber seine böse Frau, die mit ihren arglistigen Reden das ganze Unheil angerichtet hatte, wurde zur Strafe auf den Holzstoß gesetzt. Und als sie oben war, goß man Teer und Pech darauf, und die Henkersknechte zündeten den Scheiterhaufen an; und so sehr das böse Weib schrie, die Flammen ergriffen sie, und ehe der Abend kam, war sie zu einem kleinen Häufchen weißer Asche geworden, welche der Wind in alle Welt zerstreute. Der junge König aber lebte mit seiner Frau und seinem Bruder glücklich und zufrieden sein Leben lang, und wenn sie nicht gestorben sind, so leben sie heute noch.

[Märchen aus Pommern]

Hondidldo

◎◎◎◎◎◎

Es war einmal ein Bauer, der hatte drei Söhne, von denen der eine dümmer als der andere war. Der erste wurde Didldei, der zweite Didldob und der dritte, welcher der dümmste war, Hondidldo geheißen. Der Bauer hatte in seinem Garten einen wunderschönen Apfelbaum, und da bemerkte er eines Tages, daß ihm eine Menge Äpfel gestohlen waren. Darum beschloß er, genau achtzugeben, wer denn eigentlich der Dieb sei, und befahl dem Didldei Nachtwache bei dem Baume zu halten. Anfangs tat Didldei dies auch, als aber der Schlaf immer mehr und mehr seine Augen zudrückte, da legte er sich ins Gras und fing bald recht laut zu schnarchen an. Auf einmal hörte er ein Geräusch, er blickte um sich und sah von weitem einen kleinen weißen Mann, wie er eben in dem nahe gelegenen Bach verschwand. Zu seinem Staunen aber bemerkte er, daß abermals eine Menge Äpfel fehlten.

Traurig ging er nach Hause und erzählte dies seinem Vater. »Du Siebenschläfer«, sagte dieser, »ich will dir die Augen aufmachen«, und steckte dem Didldei eine Ohrfeige.

Darauf befahl er dem Didldob, die nächste Nacht den Apfelbaum zu hüten. Das tat er, aber auch er schlief neben dem Baum ein, und es passierte ihm dasselbe wie seinem Bruder, auch er sah den kleinen weißen Mann. Er rieb sich die Augen und glaubte nicht recht gesehen zu haben, als er aber den Apfelbaum beinahe leer sah, ging er mißvergnügt zu seinem Vater und erzählte es ihm.

»Ja«, sagte dieser, »du hast gewiß die ganze Nacht hindurch keine Auge aufgemacht, denn hättest du nicht geschlafen, so hättest du den Dieb schon erwischt. Deine Nachlässigkeit aber soll nicht ungestraft bleiben«, sagte er, nahm einen Haslinger hervor und zog ihm tüchtig das Lederzeug an.

»Hört, Voda, dera Hocka will i a no an Stil finden«, rief Hondidldo, dessen größtes Glück seine Fidel war, »heint geh i außi und wart, bis da Diab kimt.« Richtig, unser Hondidldo geht hinaus, setzt sich auf den Apfelbaum, nimmt seine Fidel und fängt ganz gemütlich zu spielen an. Auf einmal sah er unter dem Baume ein kleines weißes Männchen herumspringen.

»Des is ja da leibhaftige Dodamon*«, denkt sich der Hondidldo, »wart, wannst du da Diab bist, di wer ma a no kriag'n.«

Er hört auf zu fideln und will den Baum hinuntersteigen. Er erschrak aber nicht wenig, als er sah, daß das Männchen immer größer und größer wurde. Unser Hondidldo aber hatte sich bald von seinem Schreck erholt, nahm seine Fidel lustig wieder zur Hand und fing abermals zu spielen an.

Und wie er so fidelte, wurde der weiße Mann immer kleiner und kleiner und begann voll Freude zu tanzen. Endlich wurde Hondidldo müde, er hörte auf zu spielen und legte seine Fidel beiseite. Sogleich wurde auch das Männchen wieder größer, bis es beinahe schon über den Baum hinausragte. »Siehst«, sagte er zum Hondidldo, »wenn du willst, so kannst dir mit deiner Fidl viel Geld verdienen.«

»Bei so was«, sagte dieser, »bin ich alleweil dabei.«

»Nun, dann geh mit mir«, sagte der Mann.

»Recht gern«, antwortete der Hondidldo, »aber gleich kann es nicht sein, weil ich auf den Apfeldieb warten muß.«

»Mach dir keine Sorgen«, erwiderte der Mann, »die Äpfel

* Tatermann, Gespenst

sollen dir alle bleiben, und auch die gestohlenen sollst du wieder erhalten.«
»Auch recht«, dachte Hondidldo und ging mit.
Er stieg den Baum hinab, nahm seine Fidel und wollte dem Mann folgen. Das war diesem eine gemähte Wiese, denn kaum hatte Hondidldo den Baum verlassen, so waren auch alle Äpfel verschwunden. Hondidldo stand ganz verwundert neben dem Baum und ärgerte sich, daß trotz seiner Wachsamkeit doch die Äpfel weggekommen waren. Der Morgen brach an, der Hahn hatte bereits zum erstenmal gekräht, und Hondidldo wußte nicht, was er beginnen sollte, denn der weiße Mann war verschwunden und hatte Hondidldo in der größten Not zurückgelassen. Nach Hause getraute er sich nicht, da er wußte, es würde ihm schlimm ergehen, wenn der Vater sähe, daß alle die Äpfel gestohlen waren.
»Mir follt's ein«, denkt er sich, »mein Fidl is ja a no was wert, gehst in d' weiti Welt und wüllst dein Glick probirn, und wann da da Äpfeldiab amol untakimmt, soll a gwiß mehr als Hor laßn miaßn.«
Gesagt, getan. Hondidldo macht sich auf den Weg. Seine Fidel unter dem Arm, ging er lange Zeit fort, bis er in einen großen, großen Wald kam. Es wurde schon Nacht, und Hondidldo wußte nicht wo ein und aus, denn er hatte sich im Wald verirrt. Als er so ging, fiel ihm ein, daß er ja seine Fidel noch hatte. Schnell nahm er sie hervor und fing zu spielen an. Da bemerkte er von weitem ein Lichtlein, das immer näher kam, und auf einmal stand ein goldenes Rößchen vor ihm.
»Du kimst ma grod z'recht«, denkt sich da der Hondidldo, und schnell schwingt er sich auf das Pferd, das nun im Galopp davoneilte. Vor einem kleinen Häuschen mitten im Wald hielt es stille. Hondidldo stieg ab und ging mit seiner Fidel in das Häuschen. Da gewahrte er zu seinem Erstaunen eine Menge kleiner Männlein, welche lustig im

Kreise herumtanzten, während einige dazu spielten und wieder andere sich an einer großen Tafel mit Speise und Trank labten. Die Männchen schienen auf ihn gewartet zu haben, denn kaum war er eingetreten, wurde alles ruhig. Die kleinen Männchen forderten ihn auf, sich zu setzen und an ihren Lustbarkeiten teilzunehmen.

Hondidldo hatte großen Hunger, er setzte sich daher gleich zur vollen Schüssel und fing an tüchtig reinzuhauen. Währenddem hatten einige der Männchen seine Fidel ergriffen, und da sie ihnen gar so gut gefiel, wollten sie mit unserem Hondidldo einen Tausch machen und versprachen ihm eine andere Fidel ganz aus Gold. Hondidldo war's zufrieden, nahm die eingetauschte Fidel und begann gleich darauf zu spielen. Gleichzeitig bewegten sich auch die Männchen wieder und fingen lustig zu tanzen und zu springen an. So ging dies lange Zeit fort, bis endlich Hondidldo müde geworden war und wieder fortgehen wollte, denn er sagte, er müsse den Apfeldieb suchen. Man wollte ihn aber nicht gehen lassen, und die kleinen Männchen versprachen ihm eine Menge anderer Äpfel, die er alsdann nach Hause tragen könne. Hondidldo war damit einverstanden und fidelte noch eine Weile fort.

Als er fertig war, gaben ihm die Männchen einen Sack voll Äpfel, Schinken, Backwerk und anderes mehr mit auf den Weg. Vor dem Haus fand er wieder das goldene Rößchen. Hondidldo schwang sich darauf, und fort ging es bis zum Apfelbaum. Hier angelangt, stieg er ab, das Rößchen verschwand, und Hondidldo ging mit seiner Fidel und mit seinem Sack schnell in das Haus zu seinen Brüdern. Diese sahen ihn ganz verwundert an, denn sie kannten ihn nicht mehr. Erst als Hondidldo ihnen alles erzählte, erinnerten sie sich seiner. Er sagte ihnen auch, daß er die Äpfel alle im Sack habe und noch obendrein eine goldene Fidel mitbringe, die sie am nächsten Morgen sehen sollten.

Am nächsten Tag stand Hondidldo schon sehr früh auf und wollte seine Fidel nehmen, die er am Abend vorher an die Wand gehängt hatte. Er staunte nicht wenig, als statt derselben eine Roßhaxen an dem Nagel hing.
Als nun auch der Vater und die Brüder hinzukamen, wurde der Sack geöffnet; zum Schreck aller aber fielen aus diesem keine Äpfel, viel weniger Schinken und Backwerk, sondern lauter Kröten und Eidechsen kamen aus dem Sack. Hondidldo sah nun ein, daß er nicht nur um die Äpfel, sondern auch um seine Fidel auf eine schändliche Weise betrogen worden war. Aus Gram über diesen Verlust starb er bald, denn er wollte ohne Fidel nicht leben.

De G'schicht is aus,
Dort lauft a Maus,
Hot a rot's Rockerl an,
Jetzt fongt a andrer zun erzähln an.

[Märchen aus Österreich]

Der kleine Sackpfeifer

Vor noch nicht langer Zeit lebte an den Grenzen der Grafschaft Tipperary ein rechtschaffenes Ehepaar, Michael Flanigan und Judy Muldun, denn dort herrscht die Sitte, daß die Frau den Namen ihrer Familie fortführt. Diese armen Leute hatten vier Kinder, alle Knaben. Drei davon waren so schöne, wohlgewachsene, gesunde, frisch aussehende Kinder, als die Sonne je beschienen hat, und es war genug, einen Irländer auf das Geschlecht seiner Heimat stolz zu machen, daß er an einem hellen Sommertag zur Mittagszeit diese drei Knaben erblickte, wie sie vor der Haustür ihres Vaters standen mit dem prächtigen Flachshaar, das gelockt von dem Kopf herabhing, und eine dicke lachende Kartoffel einem jeden in der Hand dampfte.
Stolz war Michael auf diese schönen Kinder, und Judy war auch stolz darauf, und beide hatten Recht genug dazu. Aber ganz anders verhielt es sich mit dem noch übrigen, welcher der dritte von oben war. Das war der erbärmlichste, häßlichste und mißgeschaffenste Wicht, dem Gott noch je Leben verliehen hatte, so ungestalt, daß er nicht fähig war, allein zu stehen oder seine Wiege zu verlassen. Er hatte langes struppiges, verfilztes, rabenschwarzes Haar, eine grüngelbe Gesichtsfarbe, Augen wie feurige Kohlen, die immer hin und her blickten und in beständiger Bewegung waren. Ehe er zwölf Monate alt war, stand ihm der Mund schon voll großer Zähne, seine Hände glichen Katzenkrallen, seine Beine waren nicht dicker als ein Peitschenstiel und nicht gerader als eine Sichel. Und was die Sache noch schlimmer machte, er hatte den Magen von

einem Vielfraß, und sein Mund hörte nicht auf zu bellen, zu kreischen und zu heulen. Die Nachbarn schöpften Argwohn, es möchte nicht ganz richtig mit ihm sein, besonders als sie beobachteten, wie er sich betrug, sobald von Gott oder andern frommen Dingen die Rede war. Wenn dies, nach der Sitte des Landes, abends beim Feuer geschah, in dessen Nähe die Mutter gewöhnlich seine Wiege gestellt hatte, damit der Balg recht warm liege, so pflegte er mitten in diesem Gespräch sich aufzusetzen und zu heulen, nicht anders, als ob der Teufel selbst in ihm steckte.

Sie ratschlagten deshalb einmal gemeinschaftlich, was mit ihm anzufangen wäre. Einige meinten, man sollte ihn auf eine Schaufel setzen, aber das litt Judys Stolz nicht. »Das wäre schön!« dachte sie, »mein leibliches Kind auf eine Schaufel legen und hinaus auf den Mist werfen wie eine tote Katze oder eine vergiftete Ratte! Nein, davon will ich nichts hören!«

Ein altes Weib, von dem bekannt war, daß es sich auf das Hexenwesen wohl verstand, sprach: »Ich will euch einen sicheren Rat geben: Legt die Zange ins Feuer, bis sie glutrot ist, und packt seine Nase damit; dann ist er gezwungen zu sagen, wer er ist und woher er kommt, darauf könnt ihr euch verlassen.« Denn sie glaubten alle, der Balg sei von dem stillen Volke vertauscht worden.

Aber Judy hatte ein zu gutes Herz und liebte das Teufelchen zu sehr, als daß sie hätte dazu einwilligen können, obgleich ein jeder sagte, daß sie nicht recht handelte. Nachdem der eine dies, der andere jenes vorgeschlagen hatte, sagte zuletzt einer, man sollte nach einem Geistlichen, einem frommen und gelehrten Mann, senden, daß er das Kind besähe, dagegen hatte zwar Judy nichts einzuwenden, aber immer wenn sie im Begriff war, es zu tun, kam etwas dazwischen, und das Ende war, daß der Geistliche das Kind niemals sah.

Eine Zeitlang blieb es daher in dem alten Gleis. Der Balg, kreischend und heulend, aß mehr als seine drei Brüder zusammen. Streiche aller Art führte er aus, und die boshaftesten waren ihm die liebsten. Endlich trug es sich zu, daß ein im Lande umherziehender blinder Sackpfeifer, Tim Carrol genannt, hereingerufen wurde und sich zu der Hausfrau beim Feuer niedersetzte, um ein wenig zu schwätzen. Nach einiger Zeit holte Tim, der mit seiner Musik gerade nicht zurückhaltend war, die Pfeifen hervor und begann gewaltig zu lärmen. In demselben Augenblick richtete sich das kleine Ding, das bisher in seiner Wiege mäuschenstill gelegen hatte, in die Höhe, grinste und verdrehte sein garstiges Gesicht, fuchtelte mit seinen langen braungelben Armen in der Luft herum, streckte seine krummen Beine heraus, kurz, gab alle Zeichen der größten Freude über die Musik von sich. Es hatte auch nicht eher Ruhe, als bis es die Pfeifen in seine eigenen Hände bekam, und um ihm den Spaß zu machen, sagte die Mutter zu Tim: »Gib sie ihm auf einen Augenblick.«

Tim, der die Kinder gern hatte, war sogleich bereit dazu; weil er aber nicht sehen konnte, so nahm Judy selbst das Instrument, brachte es dem Kind zu der Wiege und wollte es ihm vorhalten. Aber das war nicht nötig, der Kleine schien sich schon vollkommen darauf zu verstehen. Er setzte die Pfeifen an, nahm Balg und Säcke unter die Arme und handhabte beides, als wäre er schon zwanzig Jahre dabeigewesen, und blies ein wohlbekanntes Lied, daß es eine Art hatte. Jedermann war im größten Erstaunen, und die arme Mutter bekreuzigte sich, aber Tim, der seiner Blindheit wegen nicht recht wußte, wer blies, geriet außer sich vor Freude, und als er vernahm, daß der kleine Duckmäuser noch nicht fünf Jahre alt war und sein Lebtag keine Pfeifen gesehen hatte, wünschte er der Mutter Glück zu ihrem Sohn. »Könnt Ihr Euch von ihm trennen, so will ich ihn aus Euern Händen zu mir nehmen, das ist ein geborener Pfeifer, ein Musikus von Natur, noch ein bißchen guter Unterricht bei mir, so gibt's seinesgleichen in der ganzen Grafschaft nicht mehr.«

Die arme Frau, in der größten Freude über alles, was sie da hörte, besonders was Tim von natürlichen Gaben sagte, beschwichtigte einige Besorgnisse, die sich in ihren Gedanken erhoben. »So ist doch nicht wahr«, dachte sie, »was die Nachbarn zu verstehen gaben, und es freut mich, daß mein liebes Kind einmal nicht nötig hat herumzuziehen und zu betteln, sondern ehrlich sein Brot verdienen kann.«

Als abends Michael von der Arbeit heimkam, erzählte sie ihm alles, was sich zugetragen und Tim Carrol gesagt hatte. Michael war natürlicherweise sehr erfreut über das, was er zu hören bekam, denn der hilflose Zustand des armen Geschöpfs war ihm ein großer Kummer. Am folgenden Tag trieb er ein Schweinchen auf den Markt, und mit dem Erlös ging er nach Clommel und bestellte funkelnagelneue Pfeifen von passender Größe für das Kind.

Nach vierzehn Tagen kamen sie an; in demselben Augenblick richtete auch das kleine Ungeheuer seine Blicke darauf, schrie vor Vergnügen, zappelte mit seinen erbärmlichen Gliedmaßen, tobte in der Wiege und wackelte auf eine lächerliche Art herum, bis sie ihm, damit er nur ruhig wurde, die Pfeifen gaben. Alsbald setzte er sie an und spielte ein Lied zur Verwunderung aller, die es anhörten. Der Ruf von seiner Geschicklichkeit verbreitete sich nah und fern, denn in den sechs nächsten Grafschaften war niemand imstande, ihm es nachzutun, wenn er die alten beliebten Lieder und Reigen wie »Der Has im Korn« oder »Der Fuchsjäger« oder jene artigen irischen Tänze aufspielte, bei welchen jedermann tanzen muß, er mag wollen oder nicht. Man erstaunte, wenn er »Die Fuchsjagd« vorschnarrte; es war nicht anders, als hörte man die Rüden anschlagen, die Hetzhunde hinterdrein bellen, die Jäger und die Treiber loben oder strafen; kurz, es war fast ebensogut, als sähe man die Jagd selbst. Dabei kargte er gar nicht mit seiner Musik, und die Burschen und Mädchen pflegten oft in seines Vaters Hütte zu tanzen. »Wenn er Musik macht«, sagten sie, »ist's, als ob wir Quecksilber in die Füße bekämen, und bei keinem andern läßt es sich so leicht und lustig tanzen.«

Außer dieser artigen irischen Musik hatte er noch eine ganz wunderliche, ihm allein eigene Weise, die seltsamste, die man je mit Ohren gehört hat. In dem Augenblick, wo er sie zu spielen begann, schien jedes Ding im Haus Lust zum Tanz zu bekommen. Teller und Schüsseln klapperten auf dem Küchentisch, Töpfe und Henkel raschelten an dem Herd, und wer auf dem Stuhl saß, wurde von derselben Neigung getrieben, welche der Stuhl unter ihm empfand. Wie sich das nun auch mit den Stühlen verhalten mochte, soviel ist gewiß, niemand konnte sich lange auf dem Sitz behaupten, denn beides, alt und jung, fiel in tollen Sprüngen zur Erde nieder. Die Mädchen klagten, daß, wie er nur diese Weise anfange, sie zum Tanz getrieben würden und, ohne ihre Füße länger in der Gewalt zu haben, auf den Boden niederfielen, als tanzten sie auf glattem Eis und jeden Augenblick in Gefahr wären, auf ihrem Rücken oder ihrem Angesicht herumzuzappeln. Und die jungen Burschen, die ihre Geschicklichkeit zeigen wollten, ihre neuen Tanzschuhe, ihre glänzenden roten, grünen oder gelben Strumpfbänder, schworen, daß sie nicht imstande wären, ihre kunstreichen Tänze und Wendungen herauszubringen, sondern sich alsbald ganz betäubt und verwirrt fühlten. Alt und jung stießen und prallten aneinander, daß es zum Erbarmen war, und wenn dann alles auf der Flur durcheinanderwirbelte, so grinste der unselige Wechselbalg, kicherte und ächzte wie ein Affe, wenn er ein Schelmenstück ausgeführt hat.

Je älter, desto schlimmer wurde er, und als er erst sechs

Jahre alt war, war das ganze Haus auf der Flucht vor ihm; er stellte es immer an, daß seine Brüder sich am Feuer verbrannten oder mit siedendem Wasser begossen oder ihre Beine über Töpfen und Stühlen zerbrachen. Im Herbst, wenn er allein daheimgelassen wurde und seine Mutter nach Hause kam, so fand sie die Katze auf dem Rücken des Hundes sitzen mit dem Gesicht zum Schwanz, und die Beine waren ihr fest angebunden. Dazu blies das Alräunchen seine tolle Weise, so daß der Hund heulend umhersprang und Miezekätzchen um sein liebes Leben miaute und sein Schwänzchen auf und nieder schlug; und berührte es damit des Hundes Schnauze, so schnappte dieser danach und biß hinein, und das war dem Balg eine Herzenslust.

Ein andermal, als Michael bei der Arbeit war, trug es sich zu, daß ein ehrbarer Mann eintrat. Judy wischte einen Stuhl mit ihrer Schürze ab und sagte: »Setzt Euch nieder und ruht Euch von Euerm Wege aus.« Der Mann setzte sich mit dem Rücken gegen die Wiege, hinter ihm stand eine Pfanne mit Blut, da Judy Würste machen wollte; das kleine Scheusal lag still in seinem Nest und wartete die Gelegenheit ab, bis es einen an dem Ende einer Schnur befestigten Haken behend und geschickt in die Zöpfe der zart gekräuselten Perücke, welche der Mann trug, werfen konnte, und zog es sie daran herab in die Pfanne mit Blut.

Ein andermal hatte seine Mutter die Kuh gemolken und kam mit dem Eimer Milch auf dem Kopf; sowie er sie sah, hob er seine teuflische Musik an, und in demselben Augenblick ließ die arme Frau den Eimer los, klatschte die Hände zusammen, fing an zu tanzen und goß die ganze Milch ihrem Mann auf den Kopf, der eben Torf herbeibrachte, um das Essen damit zu kochen. Es würde kein Ende nehmen, wenn man alle seine boshaften Streiche erzählen wollte.

Bald darauf ereignete sich an dem Vieh des Pächters ein Unfall nach dem andern. Das Pferd bekam den Schwindel, ein hübsches Kälbchen konnte sich nicht mehr auf den Beinen halten, die Kuh wurde bösartig und trat den Milcheimer um, und die Decke von einem Ende der Scheune fiel herab. Der Pächter setzte sich in den Kopf, daß das unglückliche Kind des Michael schuld an all diesem Unheil hätte. Eines Tages rief er Michael zu sich und sprach: »Ihr seht selbst, es geht nicht so zu, wie es sollte, und, um es gerade herauszusagen, ich glaube, Euer Kind ist die Ursache davon. Ich komme immer weiter herunter und lege mich keinen Abend in mein Bett, ohne zu denken, was wird dir nun morgen wieder begegnen? Es wäre mir daher lieb, wenn Ihr Euch nach einer andern Arbeit umschauen wolltet. Ihr seid ein Mann, so brav als einer im Land, und Ihr braucht um Arbeit nicht verlegen zu sein.«
Michael antwortete, er sei selbst voll Kummer über die Unglücksfälle, er habe sich auch schon Gedanken über das Kind gemacht, das doch einmal sein Kind sei und für das er also auch Sorge tragen müsse. Er versprach auch, sich alsbald nach einer andern Stelle umzusehen.
Demnach machte Michael den nächsten Sonntag in der Kirche bekannt, daß er willens sei, die Arbeit des Johann Riordans aufzugeben, und sogleich kam ein Pächter, der in einer Entfernung von einigen Meilen wohnte und gerade einen Ackermann suchte, zu Michael und bot ihm Haus und Garten an und Arbeit für das ganze Jahr. Michael, der wußte, daß dies eine gute Stelle war, schloß ohne weiteres seinen Vertrag mit ihm, und es wurde verabredet, daß der Pächter einen Karren senden sollte, sein bißchen Hausrat darauf zu laden, und dann wollte er künftigen Donnerstag dort einziehen.
An dem bestimmten Tag kam der versprochene Wagen; Michael belud ihn mit dem Hausgerät und stellte die Wiege, worin das Kind mit seinen Pfeifen lag, zuletzt

obenauf; Judy setzte sich daneben, um achtzugeben, damit es nicht herausrolle und sich totstürze. Die Kuh trieben sie vor sich her, der Hund folgte nach, die Katze aber mußte zurückbleiben. Die drei andern Kinder liefen nebenher und suchten sich Hagebutten und Brombeeren; denn es war ein schöner Tag im Spätherbst.

Sie mußten über den Fluß, den sie, weil er zwischen hohen Ufern in der Tiefe sein Bett hatte, nicht eher sehen konnten, als bis sie nahe dabei waren. Ein paar Tage vorher war ein anhaltender Regen gefallen, der Fluß war angeschwollen, und das Wasser rauschte stark. Als sie die Brücke betraten, richtete sich der Wechselbalg, der bisher ganz ruhig in seiner Wiege gelegen hatte, bei dem Rauschen der Wellen in die Höhe und schaute sich um; und als er das Wasser sah und bemerkte, daß sie im Begriff waren, darüberzugehen, so fing er an aufzukreischen und zu ächzen. »Stille, mein Söhnchen«, sagte Judy, »du brauchst dich nicht zu fürchten, ich sage dir, wir gehen über eine steinerne Brücke.«

»Daß du versauern möchtest, altes Gerippe!« rief er. »Da habt ihr einen sauberen Streich gemacht, mich hierherzubringen!« Dabei fuhr er fort zu heulen, und je weiter sie auf der Brücke kamen, desto lauter ward seine Stimme. Endlich gab ihm Michael, der es nicht länger aushalten konnte, einen tüchtigen Streich mit der Peitsche, die er in der Hand hielt, und rief: »Der Teufel stopfe dir das Maul, du Klotzkopf, willst du dein Geschrei lassen! Kein Mensch kann ja sein eigenes Wort vor dir hören.«

In dem Augenblick, wo der Junge den Peitschenriemen fühlte, erhob er sich in der Wiege, nahm die Pfeifen in den Arm, grinste den Michael boshaft an und sprang behend über das Geländer der Brücke in den Fluß hinab. »O mein Kind, mein Kind!« schrie Judy, »es ist verloren auf immer!«

Michael und die anderen Kinder liefen auf die andere

Seite der Brücke und schauten und sahen ihn unter dem Brückenbogen hervorkommen, wie er mit kreuzweis geschlagenen Beinen oben auf einer weißhauptigen Welle saß und seine Pfeifen so lustig blies, als wenn nichts vorgefallen wäre. Das Wasser strömte heftig, er wurde gewaltsam fortgewirbelt, doch er spielte so schnell, ja noch schneller, als der Strom rann. Sie liefen zwar, so geschwind sie konnten, nebenan dem Ufer mit, aber da sich der Fluß ein paar hundert Schritte unter der Brücke plötzlich um den Berg drehte, verloren sie ihn aus den Augen, und keiner hat ihn je wieder erblickt. Jeder glaubte nicht anders, als daß er zu den Seinigen, dem stillen Volke, heimgegangen sei, um ihnen Musik zu machen.

[Märchen aus Irland]

Der wunderliche Spielmann

◎◎◎◎◎◎

Es war einmal ein wunderlicher Spielmann, der ging durch einen Wald mutterseelenallein und dachte hin und her, und als für seine Gedanken nichts mehr übrig war, sprach er zu sich selbst: »Mir wird hier im Walde Zeit und Weile lang, ich will einen guten Gesellen herbeiholen.« Da nahm er die Geige vom Rücken und fiedelte eins, daß es durch die Bäume schallte. Nicht lange, so kam ein Wolf durch das Dickicht dahergetrabt. »Ach, ein Wolf kommt! Nach dem trage ich kein Verlangen«, sagte der Spielmann; aber der Wolf schritt näher und sprach zu ihm: »Ei, du lieber Spielmann, was fiedelst du so schön! Das möcht ich auch lernen.« »Das ist bald gelernt«, antwortete ihm der Spielmann, »du mußt nur alles tun, was ich dich heiße.« »O Spielmann«, sprach der Wolf, »ich will dir gehorchen wie ein Schüler seinem Meister.« Der Spielmann hieß ihn mitgehen, und als sie ein Stück Wegs zusammen gegangen waren, kamen sie an einen alten Eichbaum, der innen hohl und in der Mitte aufgerissen war. »Sieh her«, sprach der Spielmann, »willst du fiedeln lernen, so lege die Vorderpfoten in diesen Spalt.« Der Wolf gehorchte, aber der Spielmann hob schnell einen Stein auf und keilte ihm die beiden Pfoten mit einem Schlag so fest, daß er wie ein Gefangener da liegenbleiben mußte. »Warte da so lange, bis ich wiederkomme«, sagte der Spielmann und ging seines Weges.

Über eine Weile sprach er abermals zu sich selber: »Mir wird hier im Walde Zeit und Weile lang, ich will einen andern Gesellen herbeiholen«, nahm seine Geige und fiedelte wieder in den Wald hinein. Nicht lange, so kam ein Fuchs durch die Bäume dahergeschlichen. »Ach, ein Fuchs kommt!« sagte der Spielmann. »Nach dem trage ich kein Verlangen.« Der Fuchs kam zu ihm heran und sprach: »Ei, du lieber Spielmann, was fiedelst du so schön! Das möcht ich auch lernen.« »Das ist bald gelernt«, sprach der Spielmann, »du mußt nur alles tun, was ich dich heiße.« »O Spielmann«, antwortete der Fuchs, »ich will dir gehorchen wie ein Schüler seinem Meister.« »Folge mir«, sagte der Spielmann, und als sie ein Stück Wegs gegangen waren, kamen sie auf einen Fußweg, zu dessen beiden Seiten hohe Sträucher standen. Da hielt der Spielmann still, bog von der einen Seite ein Haselnußbäumchen zur Erde herab und trat mit dem Fuß auf die Spitze, dann bog er von der andern Seite noch ein Bäumchen herab und sprach: »Wohlan, Füchslein, wenn du etwas lernen willst, so reich mir deine linke Vorderpfote.« Der Fuchs gehorchte, und der Spielmann band ihm die Pfote an den linken Stamm. »Füchslein«, sprach er, »nun reich mir die rechte.« Die band er ihm an den rechten Stamm. Und als er nachgesehen hatte, ob die Knoten der Stricke auch fest genug waren, ließ er los, und die Bäumchen fuhren in die Höhe und schnellten das Füchslein hinauf, daß es in der Luft schwebte und zappelte. »Warte da so lange, bis ich wiederkomme«, sagte der Spielmann und ging seines Weges.

Wiederum sprach er zu sich: »Zeit und Weile wird mir hier im Walde lang; ich will einen andern Gesellen herbeiholen«, nahm seine Geige, und der Klang erschallte durch den Wald. Da kam ein Häschen dahergesprungen. »Ach, ein Hase kommt!« sagte der Spielmann. »Den wollte ich nicht haben.« »Ei, du lieber Spielmann«, sagte das Häschen, »was fiedelst du so schön, das möchte ich auch lernen.« »Das ist bald gelernt«, sprach der Spielmann, »du mußt nur alles tun, was ich dich heiße.« »O Spielmann«, antwortete das Häslein, »ich will dir gehorchen wie ein Schüler seinem Meister.« Sie gingen ein Stück Weges zusammen, bis sie zu einer lichten Stelle im Wald kamen, wo ein Espenbaum stand. Der Spielmann band dem Häschen einen langen Bindfaden um den Hals, wovon er das andere Ende an den Baum knüpfte. »Munter, Häschen, jetzt spring mir zwanzigmal um den Baum herum«, rief der Spielmann, und das Häschen gehorchte, und wie es zwanzigmal herumgelaufen war, so hatte sich der Bindfaden zwanzigmal um den Stamm gewickelt, und das Häschen war gefangen, und es mochte ziehen und zerren, wie es wollte, es schnitt sich nur den Faden in den weichen Hals. »Warte da so lange, bis ich wiederkomme«, sprach der Spielmann und ging weiter.

Der Wolf indessen hatte gerückt, gezogen, an dem Stein gebissen und so lange gearbeitet, bis er die Pfoten frei gemacht und wieder aus der Spalte gezogen hatte. Voll Zorn und Wut eilte er hinter dem Spielmann her und wollte ihn zerreißen. Als ihn der Fuchs laufen sah, fing er an zu jammern und schrie aus Leibeskräften: »Bruder Wolf, komm mir zu Hilfe, der Spielmann hat mich betrogen.« Der Wolf zog das Bäumchen herab, biß die Schnüre entzwei und machte den Fuchs frei, der mit ihm ging und an dem Spielmann Rache nehmen wollte. Sie fanden das gebundene Häschen, das sie ebenfalls erlösten, und dann suchten alle zusammen ihren Feind auf.

Der Spielmann hatte auf seinem Weg abermals seine Fiedel erklingen lassen, und diesmal war er glücklicher gewesen. Die Töne drangen zu den Ohren eines armen Holzhauers, der alsbald, er mochte wollen oder nicht, von der Arbeit abließ und mit dem Beil unter dem Arme herankam, die Musik zu hören. »Endlich kommt doch der rechte Geselle«, sagte der Spielmann, »denn einen Menschen suchte ich und keine wilden Tiere.« Und fing an und spielte so schön und lieblich, daß der arme Mann wie bezaubert dastand und ihm das Herz vor Freude aufging. Und wie er so dastand, kamen der Wolf, der Fuchs und das Häslein heran, und er merkte wohl, daß sie etwas Böses im Schilde führten. Da erhob er seine blinkende Axt und stellte sich vor den Spielmann, als wollte er sagen: Wer an ihn will, der hüte sich, der hat es mit mir zu tun. Da ward den Tieren angst und sie liefen in den Wald zurück, der Spielmann aber spielte dem Manne noch eins zum Dank und zog dann weiter.

[Märchen aus dem Rheinland]

Der Gesang im Schloß

Es war einmal ein Vater, der hatte drei Söhne. Der Vater war aber arm, und da klopfte die Not manchmal an die Tür des Hüttchens, und der Hunger war oft ihr Schlafgeselle. Einstens ging es dem Vater und den drei Kindern sehr schlecht, und da sagte der Älteste: »Ich will mich aufmachen und in die weite Welt ziehen, um etwas zu verdienen; wer weiß, wo mir mein Glücksstern aufgeht.« Der alte Vater war damit zufrieden, und der älteste Sohn machte sich auf den Weg und wanderte sehr weit fort, und wohin er immer kam, fragte er um Arbeit nach, konnte aber lange, lange Zeit keine finden. Endlich traf er einen steinreichen Herrn an, der Geld wie Laub hatte, und dieser stellte den bittenden Jungen als Gänsehirten an.

»Aber eins mußt du mir versprechen«, sagte der alte, reiche Herr. Der täppische Junge sagte hastig ja, ehe er noch von dem, was er versprechen sollte, etwas wußte.

»Wenn du da draußen in der Au die Gänse hütest und aus dem nahen Waldschlößchen Gesang hörst, so laß es dir beileibe nicht einfallen, lauschen zu gehen«, fuhr der Herr fort. »Wenn du nur einmal horchtest, müßte ich dich aus dem Dienst jagen.«

Bei allen Heiligen im Himmel versprach der Gänsehirte nun, in alle Ewigkeit nie zu lauschen. Es hüpfte ihm vor Freude das Herz, daß er sein Brot gefunden hatte, und froh und munter trieb er die schwarzen und weißen Gänse auf die Weide in die Nähe des Waldes hinaus.

Der neue Hirte hatte an den vielen Gänsen seine Freude und dachte, er wollte sich schon gut aufführen, damit er immer hierbleiben könnte. Als der Mittag nahte, und es immer heißer und heißer zu werden begann, ging er zum Wald hin und legte sich unter der ersten Tanne ins Gras. Er hatte noch nicht lange im kühlen Schatten geruht, als die Äste des Baumes wundersam zu säuseln anfingen, und aus der Tiefe des Waldes klangen so süße Zaubertöne, daß dem Knaben sehr seltsam ums Herz wurde. Es kam ihm vor, als ob er die himmlische Musik hörte, und er lauschte und lauschte, so daß ihm am Ende die Sinne vergingen und er nimmer wußte, wo er weilte. So lag er im Klee da, bis es Abend wurde.

Als es schon anfing zu dunkeln und es Ave-Maria läutete, wachte er auf. Allein, o Schrecken und Jammer! – Da wakkelten auf der Wiese wohl einige Gänse herum, jedoch die meisten waren verschwunden. Der Hirte lief nun nach allen Seiten, um die fehlenden Tiere zu suchen und sie zusammenzutreiben. Doch umsonst. Er mochte laufen und springen, beten und fluchen – es half alles nichts, und die Gänse kamen nicht wieder zum Vorschein.

Der Knabe war ganz verzweifelt, er weinte sich die Augen rot, und als er einsah, daß er nichts machen konnnte, beschloß er endlich, die noch vorhandenen Gänse zum Schloß zurückzutreiben. Da wurde es ihm immer trauriger zumute, je näher er dem Schloß kam. Kaum war er dort angekommen und hatte die Gänse eingesperrt, da ließ ihn der alte Herr rufen. Zitternd stieg der arme Junge die Stiege empor und trat noch zitternder in den prachtvollen Saal, wo der Gebieter auf ihn wartete.

Kaum war er eingetreten, so fuhr ihn der Herr mit barscher Stimme an: »Ich hatte Mitleid mit dir, aber du hast es mir mit Undank und Untreue gelohnt. Wir sind geschieden, du mußt heute noch aus dem Schloß!«

Der Knabe fing an zu bitten und zu flehen, daß es hätte einen Stein erweichen mögen; allein der Herr fühlte kein Erbarmen, nur eine goldene Stecknadel nahm er aus einem

Kästchen hervor und gab sie dem weinenden Jungen zur Erinnerung.
Der arme Knabe steckte die goldene Stecknadel an seine Joppe und sagte mit schwerem Herzen dem Schloß Lebewohl. Er wollte nun wieder nach Hause, um seinem Vater die goldene Stecknadel zu zeigen, und wanderte durch Feld und Tal. Einmal kam er zu einem Weg, der steil den Berg hinanstieg und zu einem einsamen Gehöft führte. Ah, da oben kann ich einen Schluck Milch bekommen, dachte sich der durstige Wanderer und stieg bergan. Wie er aber wegging, da merkte er, daß er seine Goldnadel verloren hatte, und war sehr traurig und niedergeschlagen. So ging er seine Wege fort und wanderte und wanderte, bis er nach Hause kam. Als er daheim war und in der Stube saß, da sahen seine Leute, daß er so taurig war, und niemand konnte sich seine Niedergeschlagenheit erklären. Endlich fragte ihn der Vater: »Was fehlt dir, daß du so sauer dareinsiehst wie ein Apfel um Jakobi?«
Da erzählte er nun, daß er eine gar so schöne goldene Nadel gehabt habe, und da sei er zu einem Heufuder gekommen, das sei aber steckengeblieben. Da habe er mit der Stecknadel schieben geholfen und habe dieselbe im Heu verloren.
Wie sein jüngerer Bruder das gehört hatte, wurde dieser böse und sagte: »Hättest du dir die Nadel doch auf den Hut gesteckt! – Jetzt geh' ich hin zu deinem Herrn, und was er mir zum Lohn gibt, mach' ich mir auf den Hut, damit ich es ganz sicher und gewiß heimbringe.«
Am andern Tage frühmorgens machte er sich auf und wanderte lustig fort, bis er zu dem steinreichen Herrn kam. Er fragte bei ihm um einen Dienst nach, und der Herr stellte ihn wie seinen Bruder als Gänsehirt an. »Aber eines mußt du mir versprechen«, sprach der reiche Mann. »Wenn du draußen in der Au die Gänse hütest und du aus dem nahen Waldschloß Gesang hörst, so lasse es dir beileibe nicht ein-

fallen, lauschen zu gehen, denn sonst muß ich dich aus dem Dienste jagen.«
Der Bursche versprach es hoch und teuer und trieb nun die Gänse in die Au hinaus, die an den Wald grenzte. Er hatte seine Freude daran, wenn die fetten Gänse so vor ihm herwackelten, und kam sich reich wie ein König vor. So hatte er es schon einige Tage getrieben, und ihm war nichts Ungewöhnliches begegnet. Wie er aber wieder einmal draußen unter dem Tannenbaum lag und so in den blauen Himmel hinaufschaute, da hörte er plötzlich eine wunderschöne Musik. Anfangs schien sie sehr fern zu sein, allein sie kam immer näher und näher und war schöner und voller. Der Knabe dachte wohl an die Worte seines Herrn und wollte nicht auf die Klänge hören. Als die Musik aber immer herrlicher wurde, konnte er der Lockung nicht mehr widerstehen und lauschte nach Herzenslust. Es kam ihm vor, als ob Gottvater selbst nicht schöner musizieren könnte, und er vergaß darüber Gänse und Wiesen, Hüten und Essen.
Als er wieder zu sich kam, war die Sonne schon untergegangen, und es begann dunkel zu werden. Da dachte er gleich an seine Gänse, aber diese hatten sich dahin und dorthin verlaufen. Er suchte nun an allen Ecken und Enden, konnte aber die verlorenen Tiere nicht finden. Da wurde es ihm schwer ums Herz, und die Tränen kugelten über seine Wangen herunter. Er trieb die noch übrigen Gänse zusammen und dem Schloß zu. Er hatte die Herde noch nicht in den Stall getrieben, als ein Diener ihm entgegenkam und ihm sagte, er solle gleich zum Herrn kommen.
Mit schlotternden Knien stieg der arme Bursche die Stiege empor und trat in den prunkvollen Saal, wo ihn der Gebieter erwartete. Kaum war er eingetreten, so fuhr ihn der Herr mit barscher Stimme an: »Ich erbarmte mich deiner und habe dich in den Dienst genommen, aber du hast es

mir mit Undank und Untreue gelohnt. Wir sind geschiedene Leute. Du mußt heute noch aus dem Schloß.«

Der Knabe fing nun zu weinen und zu bitten an, daß es einen Felsen hätte rühren mögen. Der Schloßherr war aber von seinem Entschluß nicht abzubringen. »Ich kann und darf dich nicht mehr im Schloß behalten«, sprach er. »Doch, daß du nicht ganz leer von mir gehst, gebe ich dir ein Lämmlein mit.«

Er klingelte einem Diener und befahl diesem, dem Knaben das Lämmlein zu geben. Der Diener ging und der weinende Junge mit ihm. Im Hof unten bekam er nun ein Lämmlein. Das war so weiß wie der frischgefallene Schnee und hatte eine Wolle so fein wie die feinste Seide. Er dankte und ging nun mit dem schönen Lämmlein aus dem Schloß. Wie er aber vor dem Tor war, fiel ihm ein, daß sein Bruder die Goldnadel nicht verloren hätte, wenn er sie auf den Hut gesteckt hätte. Er nahm nun das Lämmlein und setzte es auf seinen Hut.

So wanderte er nun der Heimat zu und freute sich seines Lämmleins. Da kam er zu einem Bach, über den nur ein schmaler Steg führte. Er ging nun über den Steg, allein ein Tannenast, der herniederhing, streifte ihm Lämmlein und Hütlein ab, und beides fiel in den Bach, und dieser trug es fort. Da war der Junge sehr traurig und wußte sich nicht zu trösten. Er ging und ging, bis er nach Hause kam. Da fragte ihn aber der Vater: »Wo hast du deinen Lohn?«

Der Knabe begann nun zu weinen und erzählte dem Vater und den Brüdern, wie er das Lämmlein verloren habe, obgleich er es auf dem Hut gehabt hätte. Da lachte der Älteste ihn aus, und der jüngste Bruder sagte: »Hättest du dir ein Stricklein gekauft und das Lämmlein darangehängt und geführt, hättest du es gewiß nicht verloren. Jetzt mache ich mich auf und werde gewiß nicht aufs Singen hören. Und was ich verdiene, das werde ich an einem

Strick heimführen, damit ich es bestimmt nicht verliere. Dann wollen wir uns gütlich daran tun und es uns wohl sein lassen.«

Tags darauf machte sich der Jüngste nun auf die Beine und wanderte, bis er zu dem Schloß kam. Dort ließ er sich bei dem Grafen melden und bat um einen Dienst. »Ja«, sprach der Graf, »du kannst mein Gänsehirt werden. Allein eines mußt du mir versprechen. Wenn du im nahen Walde eine Musik hörst, so horche nicht darauf! Denn hörst du zu, so mußt du auf der Stelle aus dem Dienst und aus dem Schloß.«

Bei allem, was heilig ist, versprach der Gänsehirt, in alle Ewigkeit nie zu lauschen. Er ging nun in den Hof, ließ die Gänse aus dem Stalle und trieb sie hinaus in die grüne Au neben dem Wald. Er hatte die größte Freude an den weißen und grauen Gänsen und kam sich so reich wie ein Kaiser vor, wenn die fetten Vögel so vor ihm hertrottelten. Draußen hütete er fleißig und gab auf seine Tiere genau acht. Und wenn er abends heimfuhr, brachte er alle Tiere nach Hause. So ging es einige Wochen, und der Schloßherr war mit dem Knaben zufrieden. Da war dieser wieder einmal auf dem Feld draußen, und es war so heiß, daß selbst die Gänse den Schatten suchten. Er ging nun zum Wald hin und streckte sich im Schatten der nächstbesten Tanne ins Gras. Er hatte noch nicht lange ausgeruht, als eine Musik sich hören ließ. Sie wurde immer schöner und schöner, so daß dem Hirten Sehen und Denken vergingen und er alles andere vergaß.

Er lauschte und lauschte und konnte sich nicht satt hören, bis endlich die Musik verstummt war. Da kam er endlich zu sich. Es stand aber der Mond schon hoch am Himmel, und die Sterne glänzten wie goldene Punkte am Firmament. Da machte er sich nun hastig auf und wollte die Gänse zusammen und nach Hause treiben. Doch da war's eine Not! Es schnatterten nur mehr zwei auf der ganzen

Wiese, alle übrigen waren längst schon auf und davon. Er suchte nun links und rechts und klopfte in den Stauden, doch nirgends konnte er eine dritte mehr finden.
Es blieb ihm endlich nichts mehr übrig, als die zwei Gänse heimzutreiben. Das war aber eine traurige Fahrt! Er weinte, daß es ihm fast das Herz abstieß, denn er fürchtete so sehr den Schloßherrn. Er war noch nicht zum Schloßtor gekommen, als ihm schon ein Diener entgegenkam und ihm sagte, er sollte gleich zum Herrn kommen. Da wurde ihm noch trauriger zumute, und dazu schnatterten die zwei Gänse so laut und machten einen solchen Lärm, daß er ihnen hätte die Krägen umdrehen mögen. Kaum war er im Schloß angekommen und hatte die Gänse eingesperrt, so ging er zum Herrn in den Saal hinauf. Der Graf war aber sehr böse und empfing ihn ganz zornig. »Ich hatte Mitleid mit dir, und du hast dasselbe mit Untreue und Undank gelohnt«, sprach er. »Packe dich fort und geh dahin, woher du gekommen bist.«
Der Junge fing nun an zu bitten und zu weinen, daß es hätte einen Eisklotz rühren mögen. Da sprach der Graf: »Daß du auf dem Wege nicht verhungerst, kannst dir in der Küche einen Butterweck geben lassen.«
Der Knabe stieg weinend die Stiege hinunter, ging in die Küche und meldete, was der Herr gesagt hatte. Da gab ihm der Koch einen Butterweck, und der Junge nahm nun vom Schloß Abschied und wanderte der Heimat zu. Als er aber vor dem Burgtor war, dachte er an das Schicksal seines Bruders, der das Lämmlein verloren hatte, weil er es nicht an einem Strick geführt hatte. Er wollte seinen Butterweck nicht auch verlieren, nahm deswegen ein Stricklein aus seiner Joppentasche und band den Weck daran. So wanderte er nun eine Strecke weiter und zog das Stück Brot über Stock und Stein nach. Bald wurde er aber schläfrig und müde.
Da legte er sich unter eine Eiche und nahm den Weck in

seinen Arm. Er schlief, bis die Vögel ihr Morgenlied sangen und es im Wald lebendig wurde. Da machte er sich wieder auf die Reise und wanderte der Heimat zu. Nicht lange war er so fortgegangen, als er zu einem Meierhof kam. Da stand ein großer, großer Hund und bellte schon von ferne aus Leibeskräften. Als der abgedankte Gänsehirt mit dem Butterweck vorüberzog, machte das ungezogene Tier einen Satz auf den Weck, faßte ihn und verschluckte ihn, ohne erst um die Erlaubnis zu fragen.
So hatte denn auch der dritte Sohn seinen Lohn verloren und hatte nichts als einen Stock, den leeren Sack und ein trauriges Herz. So wanderte er nun weiter, bis er endlich müde und hungrig in die Heimat zurückkam. Hier saßen die Brüder und der Vater am warmen Ofen bei der Abendsuppe. Wie sie den Jüngsten sahen, standen sie auf und begrüßten ihn. »Und was hast du denn mitgebracht?« fragte der Älteste.
»Nichts«, sagte der Jüngste.
»Ah so, auch nichts, da bist du freilich gescheiter als unsereins«, sprachen die Brüder und fingen an zu lachen. Und der Jüngste lachte auch mit, und wenn sie zu lachen nicht aufgehört haben, lachen sie heute noch fort.

[Märchen aus Tirol]

Der Prinz mit der Flöte

Es war einmal ein König, der hatte einen Garten, so schön, wie es auf der Welt nicht seinesgleichen gab. In diesem Garten wuchs ein mächtiger Baum, gerade wie eine Tanne und grün wie eine Linde. Wer immer in den Garten kam, ließ seine Augen zuerst auf diesem Baum ruhen und konnte sich nicht satt sehen. Einmal sagte der König: »Ich würde viel darum geben, wenn einer mir kundtun könnte, wie der Baum sich nennt und was er für Früchte trägt.«
Gelehrte Leute aus dem ganzen Land kamen, besahen den Baum von allen Seiten, aber zu sagen wußten sie nichts. Plötzlich trat ein alter Mann auf den König zu und sprach: »Ihr bemüht Euch vergeblich, der Baum gibt Euch sein Geheimnis nicht preis. Als ich selber noch ein kleiner Junge war, da erzählte mir ein uralter Mann, daß dieser Baum in der Welt nicht seinesgleichen habe und daß er Früchte trage, wie sie die Menschheit noch nicht gesehen hat. Vor Mitternacht beginnt er zu knospen, eine Weile später zu blühen und dann reifen an ihm goldene Früchte. Um Mitternacht werden sie ihm abgenommen, ich weiß nicht von wem.«
Der König dankte dem alten Mann. »Wenn dem so ist«, sagte er, »dann werde ich das Geheimnis enträtseln. Der Baum gehört mir und seine Früchte auch.« Dann wandte er sich an seine drei Söhne. »Wer von euch will als erster die Nachtwache übernehmen?«
»Ich unterziehe mich der Aufgabe«, meldete sich der Älteste.
Es kam der Abend, der Prinz lud sich seine Freunde ein, sie

nahmen Speise und Trank mit in den Garten, machten ein Feuer unter dem Baum und begannen zu essen und zu trinken und zu singen und zu lachen, und es kam ihnen kein Schlaf in die Augen. Vor Mitternacht entdeckten sie Knospen an dem Baum. Nach einer Weile blühten die Knospen auf, und noch ein wenig später verwandelten sich die weißen Blüten in glänzende Kügelchen. Die wurden sichtlich größer, und bald waren es schöne goldene Äpfel, die wie Sterne glänzten.
Alle drängten sich um den Baum, jeder wollte als erster einen goldenen Apfel pflücken, da – ein Blitz, ein Krach, ein Sturmwind, Regen und Finsternis brachen ein, es war, als ob die Welt untergehen wollte. Der Prinz und seine Freunde wußten vor Angst nicht mehr, wo sie sich befanden. Nach einer Weile beruhigte sich das Unwetter, der Regen hörte auf, und am Himmel standen wieder der Mond und die Sterne. Alle schauten auf den Baum, aber von den Äpfeln war keine Spur mehr zu sehen.
Der König erwartete voll Ungeduld seinen ältesten Sohn, aber der Prinz kam mit leeren Händen.
Als er dem König alles erzählt hatte, was sich zugetragen hatte, da meldete sich der zweite Sohn. Er wolle in dieser Nacht wachen. Dem König war es recht.
Der Prinz ließ Speise und Trank in den Garten tragen und begann mit seinen Freunden unweit des Baumes ein lustiges Gelage.
Mitternacht nahte. Die Knospen quollen auf, begannen zu blühen, blühten ab, und die goldenen Früchte begannen zu reifen und groß zu werden. Die Jünglinge wollten gerade auf den Baum zulaufen, da wurde es plötzlich so kalt, daß ihre Gesichter im Frost brannten. Unter den Füßen hatten sie glattes Eis, sie fielen bei jedem Schritt nieder, die Hände erstarrten, die Kälte drang ihnen durch die Kleider, beinahe wären sie erfroren, und in der völligen Finsternis, die hereingebrochen war, wußten sie nicht,

wohin sie sich wenden sollten. Aber das alles dauerte nicht lange. Bald wurde es wärmer, das Eis schmolz, die Dunkelheit wich, und in dem klaren Himmel glänzten die Sterne und der Mond. Die jungen Leute schauten auf den Baum, und es war kein einziger goldener Apfel mehr zu sehen.

Der König war sehr enttäuscht, als auch sein zweiter Sohn mit leeren Händen zurückkam, und er wollte das Unternehmen schon aufgeben. Aber da meldete sich der jüngste Sohn zur Nachtwache.

Vor dem Abend ging der junge Prinz in den Garten. Er ging ganz allein, nur seine Flöte hatte er mitgenommen. Nahe dem Baum blieb er stehen. Der Abend war still, nicht ein Blatt bewegte sich. Er begann zu spielen, erst langsam, dann rascher, bald waren die Weisen bittend, dann voller Sehnsucht, dann fröhlich und dann weihevoll. Plötzlich begann der Baum zu knopsen, zu blühen, und seine goldenen Früchte wuchsen. Der junge Prinz sah das, und je schöner der Baum wurde, desto schöner und inniger erklang des Jünglings Flötenspiel.

Nun war die Mitternacht da. Und mit dem zwölften Glockenschlag stand eine wunderschöne goldene Frau unter dem Baum und begann die Früchte zu pflücken. Der Königssohn konnte die Augen nicht von ihr wenden. Die Flöte entglitt seinen Händen, er schaute und schaute. Als die goldene Frau alle Früchte gepflückt hatte, lächelte sie, neigte ihr Haupt und sagte mit süßer Stimme: »Du hast eine schwere Aufgabe bewältigt. Dein Flötenspiel hat dein unschuldiges Herz enthüllt, darum durftest du mich sehen. Nun höre, von jetzt an wirst du die goldenen Früchte ernten, aber nicht mehr um Mitternacht, sondern am Nachmittag.«

»Wer bist du?« fragte der Jüngling.

»Man nennt mich Berona, und ich wohne in der Schwarzen Stadt«, antwortete sie und verschwand.

Leid ergriff den jungen Prinzen. Er lief ins Schloß, und der König hob freudig die Hände und streichelte seinen Sohn, als er von ihm gehört, was er in dieser Nacht erlebt hatte.
Wie es die goldene Frau gesagt hatte, so geschah es. Der Königssohn konnte an jedem Nachmittag die goldenen Äpfel ernten, aber er wurde dabei immer stiller und trauriger. Schließlich gestand er dem Vater, daß er Berona suchen wolle. »Gut, mein Sohn«, sprach der König, »du sehnst dich nach dem Mädchen und findest nirgends Ruhe, so geh mit Gott.«
Über Berge, Felder und Flüsse, durch viele Länder kreuz und quer zog der junge Prinz, aber von Berona fand er nirgends eine Spur. Nun war er schon beinahe ans Ende der Welt gekommen. Da sah er auf einer Wiese drei Teufel miteinander streiten. Um einen Mantel, ein Paar Stiefel und eine Peitsche ging der Zank. Sie schrien, daß der Prinz beinahe taub wurde.
»Brüllt nicht so, einer soll mir sagen, warum ihr euch nicht vertragen könnt, die andern sollen schweigen«, sagte der Prinz.
»Nun, so höre«, sagte der älteste der Teufel. »Mantel, Stiefel und Peitsche haben wir vom Vater geerbt. Wer sich in den Mantel hüllt, wird unsichtbar. Wer die Stiefel anzieht, kann durch die Luft fliegen. Wer mit der Peitsche knallt, der landet dort, wo er sein will. Diese drei Dinge sollen wir untereinander teilen, aber jeder von uns will alle drei allein besitzen.«
»Das seh' ich ein«, sagte der junge Prinz. »Darum legt die Sachen da nieder, geht dorthin zu jenem Baum und dann beginnt ein Wettlaufen zu mir her. Wer zuerst ankommt, dem sollen alle drei Gegenstände allein gehören.«
Die Teufel waren mit diesem Vorschlag einverstanden, legten die Sachen neben den Prinzen und begaben sich zu dem angezeigten Baum. Kaum hatten sie dem Jüngling den

Rücken gekehrt, da schlüpfte er in den Mantel, zog die Stiefel an, knallte mit der Peitsche und sprach dabei: »In die Schwarze Stadt will ich fliegen, zur goldenen Frau.« Im gleichen Augenblick erhob er sich in die Luft. Als er gerade über den Köpfen der drei Teufel stand, schrie er zu ihnen hinunter: »Kommt mir nach in die Schwarze Stadt, dort will ich euch eure Sachen zurückgeben«, dann flog er weiter. In wenigen Augenblicken sah er sich in der Schwarzen Stadt, und vor einem großen Haus sank er zur Erde hinunter.

Er trat ein, und nach ein paar Schritten schon stand er vor der Ersehnten. Sie wollte ihren Augen nicht trauen. Denn sie hatte nicht gedacht, daß er den Weg zu ihr finden könne. Aber da er es vollbracht hatte, war sie glücklich, hieß ihn willkommen und machte ihn zum Herrn über sich und über das ganze Land.

Es kamen aber auch die drei Teufel. »Her mit dem Mantel, den Stiefeln, der Peitsche«, brüllten sie. Der Königssohn gab ihnen, was ihnen gehörte, und riet ihnen, beisammen zu bleiben und sich ihrer Schätze gemeinsam zu bedienen. Da wurden sie ganz sanft, dankten ihm schön und zogen vergnügt miteinander ab.

[Märchen aus der Slowakei]

Hadelumpumpum

◎◎◎◎◎◎

Es war einmal ein reicher Kaufmann, der hatte einen ungeratenen Sohn. Von klein an war er ein Taugenichts, sprang über Stock und Block und machte seinem Vater vielen Kummer. Endlich ward dem Alten die Sache zu bunt, und er jagte den Jungen zum Hause hinaus. Da saß er nun in einer Herberge und vertrank den letzten Groschen, den er noch in der Tasche hatte. Wie er so traurig dasaß und vor sich hinstarrte, schlug ihm jemand mit der flachen Hand auf die Schulter und sprach: »Heda, guter Freund, möchte er nicht des Königs Rock anziehen und ein Soldat werden? Hier sind fünfzig Taler Handgeld!« Als der Junge das Geld erblickte, rief er »Eingeschlagen! Ich bin dabei!« und ging mit dem Werber zum Hauptmann und wurde auch sogleich eingekleidet. Jetzt lernte er rechtsum und linksum und die Beine auseinanderbringen, wie jeder gute Soldat, und des Abends machte er sich von den fünfzig Talern ein paar vergnügte Stunden. Als er ausexerziert war, hatte aber auch das Handgeld ein Ende, und er war auf die zwei Groschen Tagessold angewiesen und wohnte obendrein im Bürgerquartier.

Eines Tages sah er den Kaufmann, bei dem er wohnte, mit sorgenvollem Blick auf dem Hofe auf und ab gehen. »Das verstehe, wer's kann«, sprach er zu ihm, »ich bin lustig und guter Dinge und habe den Tag zwei Groschen Sold, und du hast ein großes Haus und Geld wie Heu und setzt ein Gesicht auf wie die Katze, wenn sie das Donnern hört.«

Der Kaufmann antwortete: »Mir geht's schlechter, als du

dir denken kannst. Meine Frau hat sich mit mir gezankt und will nicht eher wieder gut werden, als bis ich ihr drei Äpfel aus des Königs Garten geschenkt habe. Was soll ich nun tun? Der König verkauft keine Äpfel! Tausend Taler dem, der mich aus der Not reißt!«

»Tausend Taler?« dachte der Soldat, »ei, das käme dir gerade zupaß; und dem König kann's gleich sein, ob er drei Äpfel mehr oder weniger in seinem Garten hat.«

Des Abends, als es dunkel geworden war, schlich er sich darum an die Mauer, die um den königlichen Garten führte, warf einen Haken hinauf, an den unten ein Strick gebunden war, und eins, fix, drei war er oben, und der schönste, volle Apfelbaum stand gerade vor ihm. Schon wollte er herunterspringen, da hörte er gerade unter sich in der Laube ein Tuscheln und Wispern, wie wenn zwei Liebesleute sich etwas erzählen. Das war die Prinzessin, welche mit dem dicken General brauten ging und die ihm hier ein Stelldichein gegeben.

Solange es bei dem Reden blieb, saß der Soldat ruhig auf der Mauer; als es aber auch an das Küssen ging, war ihm die Sache denn doch über allen Spaß, und er warf voll Zorn einen großen Stein in den Apfelbaum, daß die Äpfel zur Erde fielen und es krachte. Die beiden in der Laube dachten nichts anderes, als der Teufel käme herab und wolle sie holen; denn es war um Mitternacht, und sie liefen auf und davon, und der dicke General ließ seinen goldenen Tressenrock, den er wegen der großen Hitze ausgezogen hatte, im Stich und freute sich mit der Prinzessin, daß sie mit dem Leben davongekommen waren. Der Soldat aber las alle Taschen voll Äpfel, schlug den goldenen Tressenrock über den Arm und machte, daß er über die Mauer kam, und lief nach Hause zurück.

Am andern Morgen gab er dem Kaufmann drei Äpfel und erhielt die tausend Taler dafür. Und der Kaufmann war froh, daß seine Frau jetzt wieder gut war, und der Soldat

war froh, daß er tausend Taler besaß. Aber seine Freude war die kürzere; denn was sind tausend Taler für einen jungen Mann, der weiß, wie man Geld durchbringt, und nicht weiß, wie sauer es verdient wird. Es dauerte darum gar nicht lange, so war auch der letzte Taler von den tausend zum Schenkwirt gewandert, und er war wieder auf die zwei Groschen Sold angewiesen wie zuvor.
Als er nun trübselig in seinem Zimmer saß, fiel ihm der goldene Tressenrock ein. »Willst doch einmal General spielen!« dachte er bei sich, und gedacht, getan, ein leichtsinniger Bursche, wie er war, zog er den Tressenrock an, steckte den langen Degen durch und ging auf die Straße. »Faßt das Gewehr an! Augen links!« befahl der Feldwebel, welcher die Wache aufziehen ließ, denn er glaubte, es wäre ein richtiger General, der da vorüberging. Ei, wie gut dem Jungen das tat; und der Teufel plagte ihn, und er konnte es nicht lassen und ging bei dem Haus vorbei, wo der dicke General wohnte. Der sah gerade aus dem Fenster; und wie er den Tressenrock erblickte, erkannte er ihn auch sogleich wieder. Geschwind setzte er seinen Dreispitz auf den Kopf, stürzte zum Haus hinaus und eilte dem falschen General nach, um ihm den goldenen Tressenrock wieder abzunehmen.
Der Junge bekam's nun doch mit der Angst, denn auf der Straße mußte ihn der General bald einholen; darum ging er geradewegs auf das Schloß zu, und die Posten präsentierten das Gewehr und ließen ihn ehrerbietig passieren. Aber er hielt sich drinnen nicht lange auf, sondern machte, daß er in den Garten kam, und kletterte dort auf einen großen Tannenbaum. Hoch oben im Zopf machte er halt und verbarg sich unter den grünen Zweigen. Es dauerte gar nicht lange, so war der General auch in dem Garten mit den Dienern des Schlosses und der Prinzessin, und sie suchten jeden Winkel und jede Laube und jeden Strauch ab, aber nirgends war der falsche General zu finden. »Du

wirst dich geirrt haben«, sprach die Prinzessin, »er ist am Ende gar nicht in das Schloß gegangen. Und nun komm zu mir in mein Zimmer hinauf.«

Das ließ sich der General nicht zweimal sagen und ging mit ihr, und über ein Weilchen waren sie oben. Der Tannenbaum war aber so hoch, daß der Soldat gerade in das Zimmer der Prinzessin hineinschauen konnte. Da sah er, wie sie einander Küsse schenkten und sich liebhatten; und zuletzt sprach die Prinzessin: »Höre, was ich dir sage. Damit wir uns jede Nacht sehen können, werde ich eine Klingelschnur an der Wand anbringen, und wenn die Glocke halb zehn schlägt, ziehst du daran und klingelst. Dann lasse ich einen Korb herab, und du setzt dich hinein, und ich ziehe dich hinauf.« Jetzt hatte der Soldat genug gehört, und als es dunkel wurde, machte er, daß er von der Tanne herabkam, und lief, was ihn seine Füße zu tragen vermochten, nach Hause zurück.

Am nächsten Abend schlich er sich nach neun Uhr unter der Prinzessin Fenster, und als er den Klingelzug erblickte, zog er daran. Da dauerte es nur ein kleines Weilchen, und der Korb kam herab. Er setzte sich hinein, und der Korb ging wieder in die Höhe, und noch ein wenig, und er war oben bei der Prinzessin. Damit sie ihn aber nicht erkennen konnte, hatte er eins, fix, drei das Licht ausgeblasen, und sie saßen im Dunkeln beieinander. »Was ist denn das?« rief die Prinzessin.

»Ich fürchte, es möchte uns jemand verraten«, flüsterte der Junge, und indem er das sagte, ging es auch schon: »Ling, ling, ling!«

»Um Gottes willen, wir sind verraten«, jammerte die Prinzessin; der falsche General aber ergriff die Waschschüssel und goß das schmutzige Wasser zum Fenster hinaus. Da hörte man unten ein Schimpfen und Fluchen, und dann war alles wieder ganz still.

»Jetzt sind wir sicher«, sagte der Junge und setzte sich zu

der Prinzessin, und sie küßten sich und gaben einander das Versprechen, sich nie zu verlassen, in Tod und in Leben, und zum Beweis dafür steckte ihm die Prinzessin ihren Ring an den Finger. Nachdem sie sich genug geküßt hatten, stieg der Soldat wieder in den Korb hinein, und die Prinzessin ließ ihn herab.

Wer aber am nächsten Tag und an den folgenden nicht wieder an der Klingel zog, war der General, und der Soldat konnte es auch nicht tun, denn er hatte Wache, auch fürchtete er, die Prinzessin möchte hinter den Betrug kommen. Das war der Königstochter nun gar nicht recht, und, als wieder einmal Parade war, redete sie den General darauf an und fragte ihn kurzweg, warum er nicht komme.

»Laßt mich in Ruhe«, antwortete er kurz, »einen Rock habe ich im Garten verloren, und den andern habt Ihr mir mit Spülicht begossen, woher soll ich das Geld zu den Tressenröcken nehmen!« Da merkte die Prinzessin wohl, daß ein Fremder bei ihr gewesen; aber sie sagte dem General nichts davon, denn sie wollte selbst hinter die Sache kommen.

Deswegen ging sie zum König und sprach: »Vater, der Ring, den du mir geschenkt hast, ist mir verlorengegangen. Laß doch bekanntmachen: Wer ihn hat, soll ihn bringen, er wird eine gute Belohnung bekommen!« Das tat der alte König auch; aber niemand brachte den Ring; denn der Soldat glaubte, es wäre nur eine Falle. Als ihm jedoch eines Tages das Geld wieder ganz ausgegangen war, nahm er einen Kameraden beiseite und sprach zu ihm: »Hier hast du den Ring der Prinzessin. Geh damit auf das Schloß und laß dir die Belohnung auszahlen und gib mir nachher die Hälfte davon ab. Und wenn sie dich fragt, wo du ihn herhast, sagst du, du habest ihn in der Gosse gefunden.«

Das versprach er alles treulich zu halten und ging auf das Schloß.

»Du hast also den Ring!« sagte die Prinzessin, als er vor ihr stand.
»Jawohl, Frau Prinzessin, ich hab' ihn in der Gosse gefunden.«
»Das lügst du, Spitzbube«, rief die Königstochter, »und wenn du mir nicht augenblicklich gestehst, wem du den Ring gestohlen hast, so lasse ich dich bei Wasser und Brot in ein Gefängnis werfen, das weder Sonne noch Mond bescheint.«
Da ward dem armen Teufel himmelangst zumute, und er erzählte alles, wie es gekommen war.
»Weil du ehrlich gewesen bist, soll dir noch einmal verziehen sein«, sprach die Prinzessin, »und nun geh und sag deinem Kameraden, daß er zu mir auf das Schloß kommen soll.«
Dem Kaufmannssohn war gar nicht wohl zumute. Was soll's helfen? dachte er bei sich, kommst du nicht selbst, so läßt sie dich holen. Wer hieß dich auch, ihren Liebhaber zu spielen!
Dann zog er sich das beste Zeug an und ging auf das Schloß in das Zimmer der Prinzessin.
»Wo hast du den Ring her?« fragte dieselbe sogleich.
»Den habt Ihr mir selbst gegeben«, antwortete der Soldat und drehte die Mütze zwischen den Fingern. »Auch verspracht Ihr mir Treue in Tod und in Leben.«
Die Prinzessin hatte inzwischen gesehen, daß der falsche General ein hübsches, junges Blut war, weit schöner als der alte dicke General, und sie antwortete darum: »Es ist richtig, ich habe dir den Ring gegeben und das Versprechen obendrein. Und was ich gesagt habe, will ich auch halten; es bleibt also dabei!« Da war der Soldat voller Freude, und sie herzten und küßten einander. Als sie damit fertig waren, sagte die Prinzessin: »Wie wird's aber mit der Hochzeit werden? Einem gemeinen Soldaten gibt mich mein Vater nicht. Je nun, ich hab's

gefunden: Ich werde zu ihm sagen: Nur den Klügsten im Lande will ich zum Ehegemahl. Wer zu mir kommt, nicht nackend und nicht bekleidet, nicht bei Tage und nicht bei Nacht, und wer mir einen Antrag macht und doch nicht spricht und nicht stilleschweigt, der soll mein Mann werden. Wie du das fertigbringst, das ist deine Sache.«

Der Kaufmannssohn antwortete: »Dafür laß mich nur sorgen!« Darauf schenkte er der Prinzessin noch einen Abschiedskuß und machte, daß er nach Hause kam.

Als er in seinem Quartier war, rief auch schon ein Diener des Königs in der ganzen Stadt aus: »Wer zu der Prinzessin kommt, nicht angezogen und nicht nackt, nicht bei Tage und nicht bei Nacht, und wer um sie anhält und dabei kein Wort redet und nicht stilleschweigt, der soll sie zur Frau bekommen.«

Da ging der Soldat zum Schornsteinfeger und borgte sich ein neues Lederzeug und Leiter und Besen. Das band er sich um, dann ging er am darauffolgenden Tag im Zwielicht auf das Schloß, damit er um die Königstochter anhielte. »Halt! Wer da?« rief die Schildwache, als sie den schwarzen Gesellen erblickte. Da sang der Schornsteinfeger: »Hadelumpumpum, hadelumpumpum, hadelum, hadelum, hadelumpumpum!«

»Der Kerl ist verrückt«, dachte die Schildwache und wollte ihn mit dem Kolben zurückstoßen; doch der alte König hatte den Schornsteinfeger schon gesehen und befahl dem Soldaten, ihn durchzulassen. Als der schwarze Teufel vor dem König stand, fragte ihn dieser: »Nun, was will er?«

Da sang der Schornsteinfeger wieder: »Hadelumpumpum, hadelumpumpum, hadelum, hadelum, hadelumpumpum!«

»Aha, er will wohl meine Tochter haben.«

Da nickte der Schornsteinfeger mit dem Kopfe und sang

ganz schnell: »Hadelumpumpum, hadelumpumpum, hadelum, hadelum, hadelumpumpum!«
Nun wurde die Prinzessin gerufen, und als sie den Schornsteinfeger erblickte, lachte ihr das Herz vor Freuden im Leibe; der aber sang: »Hadelumpumpum, hadelumpumpum, hadelum, hadelum, hadelumpumpum!«
»Meinetwegen«, versetzte der König, »komm' er morgen früh wieder, dann kann er sich meine Tochter aussuchen.«
Da machte der Schornsteinfeger einen Kratzfuß und sang dazu: »Hadelumpumpum, hadelumpumpum, hadelum, hadelum, hadelumpumpum!« und entfernte sich.
Am Abend zog der Soldat an der Klingelschnur, und die Prinzessin wand ihn in dem Korbe hinauf. Als er oben war und sie sich genug ausgelacht hatten, sagte die Prinzessin: »Jetzt gib gut acht. Mein Vater wird morgen in jeden der drei Säle des Schlosses zwölf Jungfrauen setzen, die sind allesamt angezogen wie ich und gleichen mir auf das Haar, wie ein Ei dem andern. Du mußt mich aus ihnen herausfinden, und damit du nicht fehlgreifst, so will ich dir nur gleich sagen, daß ich in dem dritten Saal bin. Und damit du dort ja nicht eine falsche wählst, werde ich mir eine polnische Laus auf den Scheitel setzen.«
Ihr kennt doch eine polnische Laus! Wenn die mit den Fühlhörnern wackelt, so ist es schrecklich anzusehen, und wenn sie sich satt gesogen hat, so steckt sie sich eine Zigarre in den Mund und raucht und bläst den Dampf durch die Nase.
Eine solche Laus wollte sich die Prinzessin auf den Scheitel setzen, da war sie doch gewiß zu erkennen!
Nachdem die beiden alles verabredet hatten und die Prinzessin dem Soldaten noch einen Beutel mit Goldstücken in die Tasche geschoben, schenkten sie sich einen Kuß und sagten einander gute Nacht. Darauf stieg der Soldat in den Korb hinein, und die Prinzessin ließ ihn in den Garten herab.

Am nächsten Morgen ging er wieder als Schornsteinfeger auf das Schloß, und die Schildwache rief ihn gar nicht mehr an, denn sie wollte nichts mit dem schwarzen Teufel zu tun haben; hatte ihn der König gestern sprechen wollen, so ließ er ihn auch wohl heute zu sich. »Nun, wie steht's«, fragte der König, »hat er sich besonnen, oder will er immer noch meine Tochter zur Frau haben?«
»Hadelumpumpum, hadelumpumpum, hadelum, hadelum, hadelumpumpum«, sang der Soldat. Da führte ihn der König in den ersten Saal, und darin standen zwölf wunderschöne Jungfrauen, die glichen allesamt der Prinzessin aufs Haar, wie ein Ei dem andern, und an der Wand saßen zweiundfünfzig Stabstrompeter, die sollten zum Tanze aufspielen. »Tanze, mit welcher du willst«, rief der König, »und nenne mir die, welche du zur Frau haben möchtest!«
Da warf der Soldat ein Goldstück auf den Tisch, daß es sprang, denn umsonst wollte er nicht aufgespielt haben, und sang: »Hadelumpumpum, hadelumpumpum, hadelum, hadelum, hadelumpumpum.« Und sogleich fingen die zweiundfünfzig Stabstrompeter an, ihr schönstes Stück zu blasen, und der Soldat griff sich eins von den zwölf Mädchen heraus und tanzte mit ihr dreimal um den Saal.
Der König dachte: »Den Vogel habe ich gefangen!«, und als der Tanz zu Ende war, fragte er: »Nun, mein Sohn, ist das meine Tochter, und willst du sie zur Frau haben?«
Der Schornsteinfeger aber schüttelte den Kopf und sang: »Hadelumpumpum, hadelumpumpum, hadelum, hadelum, hadelumpumpum!«
Da führte ihn der König in den zweiten Saal. In dem standen ebenfalls zwölf Jungfrauen, genau wie die Prinzessin, und an der Wand saßen zweiundfünfzig Flötenbläser. Der Schornsteinfeger warf wieder ein Goldstück auf den Tisch, und als er gesungen hatte: »Hadelumpumpum, hadelumpumpum, hadelum, hadelum, hadelumpumpum!«,

da bliesen die Spielleute ihr schönstes Stück auf der Flöte, und der Schornsteinfeger griff eine von den zwölf Jungfrauen heraus und tanzte mit ihr dreimal um den Saal.
»Jetzt hat er sich aber gewiß vergriffen«, sprach der König bei sich selbst, dann sagte er laut: »Nicht wahr, mein Sohn, daß ist meine Tochter? Die willst du zur Frau haben?«
»Hadelumpumpum, hadelumpumpum, hadelum, hadelum, hadelumpumpum!« sang der Schornsteinfeger als Antwort und schüttelte den Kopf.
Jetzt ging der König mit ihm in den dritten Saal, da waren wieder zwölf Jungfrauen, und an der Wand saßen zweiundfünfzig Geigenspieler. Die Jungfrauen sahen einander alle gleich; doch die Prinzessin hatte die polnische Laus nicht vergessen, die wackelte mit den Fühlhörnern, und er fand sie sofort heraus. Schnell warf er ein Goldstück auf den Tisch und sang: »Hadelumpumpum, hadelumpumpum, hadelum, hadelum, hadelumpumpum!«, und als die zweiundfünfzig Geigenspieler ihre Bogen strichen, nahm er die Prinzessin in den Arm und tanzte mit ihr links herum wohl sechsmal durch den Saal.
»Ist das meine Tochter und willst du sie zur Frau haben?« fragte der König.
Da nickte der Schornsteinfeger und sang freudig: »Hadelumpumpum, hadelumpumpum, hadelum, hadelum, hadelumpumpum!«
»Abgemacht!« sprach der alte König.
Alle Wagen, die auf dem Schloß waren, mußten vorfahren, und der König fuhr mit dem Schornsteinfeger, der Prinzessin und den fünfunddreißig Jungfrauen in die Kirche. Dort erwartete sie der Prediger schon vor dem Altar; und die Orgel spielte, und die Schulkinder sangen, und dann hielt der Pastor dem jungen Paar eine wunderschöne Hochzeitsrede. Als er aber fragte, wie er fragen muß: »Willst du die Prinzessin heiraten und sie nie verlassen und sie immer achten und ehren, in Freud und Leid?«, sang der

Schornsteinfeger fein ehrerbietig, wie es sich in der Kirche gehört: »Hadelumpumpum, hadelumpumpum, hadelum, hadelum, hadelumpumpum!«

»Das ist ein närrischer Bräutigam«, dachte der Prediger; aber er sagte es nicht laut, denn er wollte es mit des Königs Schwiegersohn nicht verderben. Darauf sangen die Schulkinder wieder, und die Orgel spielte, und die Trauung war aus, und der alte König fuhr mit dem Schornsteinfeger, der Prinzessin und dem Pastor und den fünfunddreißig Jungfrauen auf das Schloß zurück, und sie setzten sich zum Hochzeitsmahle nieder.

»Nun möchtest du auch wohl gerne ein Prinz des königlichen Hauses werden?« fragte der König; da neigte der Schornsteinfeger sein Haupt demütig und sang ganz leise und bescheiden: »Hadelumpumpum, hadelumpumpum, hadelum, hadelum, hadelumpumpum!«

Da steckte ihm der alte König einen goldenen Stern auf die Brust, und wie er den so recht fest sitzen fühlte, war mit einem Male seine Zunge gelöst, und er sprach wie eine Elster. Nach dem Mahle wurde getanzt, und der Schornsteinfeger sprang zwischen den feingeputzten Damen und Herren herum wie der Teufel im Himmelreich; aber er war doch froh und vergnügt, denn die Prinzessin war seine Frau, und er war ein Prinz des königlichen Hauses. Und als der alte König nicht lange darauf starb, wurde er König an seiner Statt und lebte mit seiner Frau, der Königin, in Glück und in Frieden; und wenn sie nicht gestorben sind, so leben sie heute noch.

[Märchen aus Pommern]

Die Bremer Stadtmusikanten

◎◎◎◎◎◎

War einmal ein Müller, und der hatte einen alten Esel. Als der schon schwach war und nicht mehr Säcke tragen konnte, hat der Herr ihn einfach weggeschickt und ihn vom Hof weggejagt. Der arme Esel stand jetzt hinter dem Zaun und dachte sich: »Was soll ich jetzt machen?« Und er dachte sich: »Ich gehe nach Bremen hin. Dort brauchen sie sicher irgendwelche Musikanten.« Und er hat sich auf den Weg gemacht. Er ging und ging über einen langen Weg; kommt er bei einem Bauernhaus vorbei, und dort jaulte ein Hund. Fragte der Esel: »Was jaulst du, alter Japper, warum jappst du so?«

»Ach«, hat der gesagt, »was soll ich nicht jammern und jappen? Ich bin schon alt, meine Zähne sind alle ausgebrochen und sind schon ganz stumpf. Was soll ich machen? Ich bekomme kein Fressen mehr, ich kann nicht mehr Hasen jagen, ich kann nicht mehr auf die Jagd gehen mit meinem Herrn. Was soll ich machen – er hat mich weggejagt! Und nun bin ich hier und weiß nicht, was ich machen soll.«

Hat der Esel gesagt: »Mach dir nur nichts daraus, du kannst doch so gut Musik machen, du kannst doch so gut bellen. Komm mit mir, und wir gehen nach Bremen und dort machen wir eine Musikkapelle auf!«

Und hat der Hund gesagt: »Gut, ich komme mit«, und hat sich ihm angeschlossen, und nun sind sie weitergegangen. Sie gingen und gingen, ganz langsam, weil sie ja alt und schwach waren. Aber sie kamen ganz gut voran.

Kamen Sie wieder bei einem Dorf vorbei, und dort hörten

sie eine Katze miauen. »Ja«, sagte der Esel, »hörst du was?« Blieben sie stehen, schauten sich um, und da sahen sie einen alten Kater auf dem Zaun sitzen. Und kamen sie dichter zu ihm und haben sie gefragt: »Ja, was hast du, was jammerst du so, was ist dir passiert?«

»Ach«, hat die Katze miaut, »was soll ich nicht miauen? Mir geht es so schlecht, ich habe meine Zähne ausgebrochen und kann meine Mäuse nicht mehr kriegen, und meine Frau will mir nichts mehr zum Fressen geben. Sie hat mich weggejagt, und nun bin ich hier, ich weiß nicht, was ich machen soll!«

Der Esel und der Hund haben gesagt: »Miaue nicht, sei nicht traurig; wir können uns noch helfen! Wir haben beschlossen, wir gehen zusammen nach Bremen. Du kannst doch so schön und laut miauen, dich können wir brauchen, komm mit.«

Also gingen die drei; der Esel, der Hund und der Kater haben sich auf den Weg gemacht, nach Bremen hin. Aber Bremen ist ja sehr weit, und so gingen sie wieder und gingen und gingen. Endlich kamen sie wieder zu einem Dorf hin, und dort hörten sie von weitem her ganz laut krähen. Sie kamen näher und näher und blieben stehen, und wieder fragten sie: »Horst du nicht was?«

»Ja freilich, ich höre auch etwas; hier kräht doch jemand!«

Sie kamen immer näher zu dem Bauernhof hin. Und dort saß oben auf dem Baum ein Hahn und krähte, was er nur krähen konnte. Blieben sie wieder stehen und dachten sich: »Den müssen wir nun fragen, ob wir ihm helfen können.« Und da fragten sie: »Na, du Krähhals, was machst du hier? Warum krähst du so?«

»Ach«, hat der Hahn gesagt, »was soll ich nicht traurig sein, was soll ich nicht krähen? Stellt euch nur vor, zu uns kommt morgen Besuch, und weil ich nicht mehr schön krähen kann, wollen sie aus mir Suppe machen! Und das habe ich gehört, und deswegen bin ich lieber weggelaufen, und jetzt schreie ich zum letzten Mal, weil morgen kann ich das ja nicht mehr!«

»Weißt du was, komm mit! Du kannst doch noch ganz gut Musik machen. Wir gehen alle zusammen nach Bremen. Dort wird es uns sicher gutgehen, wir machen dort Musik!«

Hat der Hahn gesagt: »Das ist gut, ich gehe mit. Wartet nur ein bißchen, ich fliege hinunter, ich komme sofort mit!«

Der Hahn ist hinuntergeflogen, und dann sind die vier Mann wieder weitergegangen. Sie marschierten und marschierten, lange, lange Wege. In der Zeit war es aber ganz finster geworden. »Wir müssen ja irgendwo übernachten!« Sagt der Esel: »Ich glaube, dort ist ein Wald, und ich glaube, ich sehe dort etwas! Das ist doch ein Licht! Sicher können wir dort übernachten.« Also sind sie dorthin gegangen, und als sie in dem Wald waren, konnten sie nicht gut sehen, dort waren ja viele Bäume. Ist der Esel stehengeblieben, auf den Esel ist der Hund aufgesprungen, auf den Hund der Kater, auf den Kater flog der Hahn hinauf. »Ja«, hat der Hahn gesagt, »ich sehe was, dort ist ein Haus, und dort sieht man Licht, wir gehen dorthin!« Als sie dorthin kamen zu dem Häuschen, konnten sie nicht sehen, was drinnen passiert, und wieder ist der Esel stehengeblieben. Er war der größte. Wieder ist der Hund auf den Esel aufgesprungen, auf den Hund der Kater, und auf den Kater flog der Hahn drauf. Hat der Esel gefragt: »Was siehst du dort?«

»Ja, hier ist ein Tisch, auf dem Tisch sind viele gute Sachen zum Essen und Trinken. Das wäre was für uns! Ich bin schon so hungrig«, sagte der Hahn. Und die Katze sagte: »Ich bin auch so hungrig und durstig!« Und der Hund sagte: »Mir knurrt schon der Magen!« Sagte der Hahn: »Aber hier sind auch noch Räuber drin, was machen wir mit denen?«

»Ich weiß, was wir machen«, sagte der Esel, »ich mache ein Zeichen und sage: Los! Dann fängt jeder an zu schreien, zu bellen und zu röhren, was ihr nur könnt, und dann wollen wir sehen, was wird!« Auf einmal hat der Esel sein Zeichen gegeben, hat mit seinem Fuß das Fenster eingeschlagen, er fing an zu rufen: »I-a, i-a!«, der Hund bellte: »Wau, wau«, die Katze miaute: »Miau, miau«, und der Hahn fing an zu krähen: »Kikeriki«, so wie er in seinem Leben noch nie gekräht hatte. Die Räuber in der Hütte sind erschrocken und wußten nicht, was sie machen sollten, standen alle auf, ließen alles liegen und stehen, gingen zu der Tür hinaus und sind weggelaufen. Unsere vier Musikanten, die hatten gewonnen. Die sind in das Häuschen hineingegangen, haben sich dort angegessen und haben sich es gutgehen lassen. Sie haben alles gefunden, was sie nur wollten.

Dann waren sie recht müde und schläfrig. Hat sich jeder eine gute Stelle zum Schlafen gesucht. Der Esel ging auf den Hof und hat sich auf den Misthaufen gelegt, dort war es schön weich und warm; der Hund hat sich seine Stelle hinter der Tür gesucht; die Katze ist auf den Backofen gesprungen, dort war es in der Asche noch ganz warm; und der Hahn ist draußen vor der Tür auf einen Baum aufgeflogen und hat sich dort ausgerastet. Und so schliefen sie ganz tief und zufrieden.

In der Zeit haben sich die Räuber überlegt: »Wir waren doch Dummköpfe; wir hätten das Häuschen doch nicht so schnell verlassen sollen!« Und sie haben ausgemacht, einer muß vorausgehen und muß sich erkundigen, was dort in ihrem Häuschen los ist. Und der Unerschrockenste ist vorausgegangen und ist zu dem Häuschen hingekommen. Aber dort war es dunkel, weil die vier Musikanten das Licht ausgeblasen hatten. Aber als der Räuber in das Häuschen hineinkam, sah er, daß im Backofen noch Kohle glühte, und er nahm aus seiner Tasche ein Schwefelhölz-

chen und steckte es in die Kohle. Der ist aber erschrocken! Etwas kratzte ihn über seine Hand, und dann fing etwas an zu miauen und zu fauchen. Er drehte sich um und wollte ganz schnell aus dem Haus laufen; aber von dem Schreien sind auch die anderen Musikanten aufgewacht. Der Hund packte den Räuber am Fuß und hat ihn ordentlich gebissen, dazu bellte er ganz laut. Auch der Esel stand schnell auf und schlug hinten hinaus und hat den Kerl am Bein getroffen. Auch der Hahn ist aufgewacht und flog sofort von dem Baum herunter. Mit seinen Flügeln schlug er hin und her und krähte aus vollem Halse. Der Räuber hatte seine Hosen voll und lief, was er nur konnte.
Nun haben die vier Musikanten sich gefreut: »Das haben wir gut gemacht!« Und haben sie gesagt: »Jetzt kommen die Räuber sicher nicht mehr zurück, wir bleiben hier!« Sie berieten sich: »Was sollen wir eigentlich machen? Nach Bremen gehen, das hat nicht viel Sinn, hier haben wir das so schön bequem, wir könnten doch hier leben bleiben!« Damit waren alle zufrieden. Der Esel aber, der war ja der Klügste, sagte: »Von was sollen wir leben, wir können doch hier nicht sitzenbleiben?« Dann haben sie hin und her überlegt und hin und her nachgedacht. Dann hat der Esel gesagt: »Ich glaube, wir machen das so: Wir gehen einmal in der Woche, am besten am Sonntag, wenn die meisten Leute in der Stadt sind, nach Bremen hin. Dort machen wir Musik, am besten vor dem Roland! So was haben die Bremer noch niemals gehört.« So haben sie das gemacht. Nach dem Konzert nahm der Kater ein Körbchen und ging damit bei den Leuten herum. Das gab soviel Geld, wie sie zum Leben brauchten. Damit kamen sie gut zurecht, und wenn sie noch nicht gestorben sind, dann leben sie noch heute in einem Häuschen im Wald bei Bremen.

[Märchen aus der Slowakei]

Die drei Musikanten

Es zogen einmal drei junge Musikanten aus ihrer Heimat in die Fremde; sie hatten alle drei bei ein und demselben Meister die Musik gelernt und wollten nun auch vereint bleiben und ihr Glück in fremden Landen versuchen. Von Ort zu Ort wanderten sie fröhlich dahin, spielten auf zu Kirmes- und Festtagstänzen und gewannen durch ihre lustigen Musikstücklein gar manchen schweren Batzen, neben dem stillen und lauten Beifall.

So kamen sie denn auch einmal in ein Städtchen und belustigten am Abend die Gesellschaft mit schöner Musik. Endlich hörten sie auf aufzuspielen, sondern tranken eines, taten manchem Bescheid und gaben auch zum Gespräch der Gäste ihren Teil. Da wurde mancherlei Verwunderliches durcheinander geplaudert und erzählt. Zunächst ging die Rede von einem Zauberschloß, welches sich angeblich in der Nähe des Städtchens befand, und von welchem ebensoviel Wunderschönes als Wunderbares erzählt wurde. Bald hieß es: ja, dort sind ungeheure Schätze, dort ist stets Überfluß an den köstlichsten Lebensmitteln, obgleich keine Menschenseele darinnen wohnt. Bald hieß es wieder: aber dort ist ein schrecklicher Gespensterspuk. Wer seinen Buckel weiß hineinträgt, bringt ihn braun und blau gefärbt wieder heraus, ohne die Schätze gehoben oder den Zauber gelöst zu haben. Dies und vieles andere wurde hin und her geredet über das verzauberte Schloß.

Die drei Musikanten waren kaum allein in ihrem Schlafkämmerlein, als sie sich lange unterredeten und zugleich den Gedanken faßten, das rätselhafte Schloß sich näher

zu besehen, ja, sogar sich hineinzuwagen, um möglicherweise die dort verborgenen und verzauberten Schätze zu heben. Nun wurden sie einig unter sich, daß ein jeder einzeln, einer nach dem andern, sich hineinwagen sollte, je nach der Älte, und daß einem jeden ein ganzer Tag dazu vergönnt sein sollte, sein Abenteuer zu bestehen.
Der erste Glücksversuch fiel dem Geiger zu. Der machte sich mutig und ohne Säumen auf das Schloß und fand, als er dort anlangte, die Eingangspforten schon offen, als ob man seiner geharrt hätte; doch als er über die Schwelle geschritten war, schlug hinter ihm die schwere Tür zu, und es sprang ein riesiger Eisenriegel vor, obgleich kein lebendes Wesen zu erblicken war, doch als wenn ein strenger Pförtner hier sein Amt verrichte und Wache halte. Und dem Geiger kam ein Grausen an, so daß sein Haar sich auf den Wirbel sträubte. Aber er konnte weder umkehren noch verweilen, und es kräftigte ihn wieder der Gedanke an das zu hoffende Glück, an Gold und Schätze. Treppe auf Treppe ab wanderte der Jüngling, durch herrliche Zimmer, kostbare Säle, trauliche Kabinettchen – alles prachtvoll ausgestattet und in der schönsten Sauberkeit erhalten. Aber überall war eine Totenstille, auch nicht das kleinste Mückchen lebte und wohnte hier.
Doch dem Jüngling wuchs der Mut aufs neue, zumal als er den unteren Räumen, Küche und Gewölben, sich zuwandte, wo in Fülle die seltensten und köstlichsten Speisevorräte vorhanden waren, in den Gewölben die Weinflaschen hoch aufgespeichert lagen und alle Sorten süßer eingemachter Früchte in großen Gläsern nach der Reihe standen. In der schönen blanken Küche knisterte vertraulich ein helles Feuerlein, und darüber wurde von unsichtbarer Hand ein Bratrost gesetzt, und ein ausgesuchtes Wildbretfleisch tanzte aus dem Gewölbe herein in die Küche und auf den Rost; und viele andere Speisen, feine Gemüse und Pasteten und köstliches Backwerk, wurde

ebenso schnell als kostbar von unsichtbaren Händen zubereitet und dann in eins der schönsten Zimmer, wohin sich der Jüngling begeben hatte, ihm nachgetragen und auf einer gedeckten Tafel vor ihm ausgesetzt.

Der Jüngling ergriff zuerst sein Instrument und ließ klangvoll seine schönen Melodien durch die stillen Räume schallen, worauf er sich dann ohne Zaudern zur einladenden Tafel setzte und zu schmausen anfing. Doch nicht lange, so öffnete sich die Tür, und es trat ein Männlein herein, drei Ellenbogen hoch, mit einem Scharlachröcklein angetan, mit verwelktem Gesichtlein und einem grauen Bart, der bis auf die großen silbernen Schuhschnallen reichte. Und das Männlein setzte sich schweigend neben den Geiger und schmauste mit.

Als nun die Reihe an den schönen Wildbretbraten kam, nahm der Geiger die Schüssel und nickte dem Männlein zu, doch zuerst zuzulangen, und dieses spießte lächelnd ein Stück Fleisch an die Gabel und nickte wieder und ließ dabei das Bratenstückchen unter den Tisch fallen. Gefällig bückte sich da gleich der gute Geiger, um es wieder aufzuheben; aber im Nu saß ihm schon das Bartmännlein auf dem Rücken und bläute so unbarmherzig auf ihn los, als ob es ihm das Lebenslicht ausblasen wolle. Und auch des Geigers Mund wurde zugehalten, bis unter unaufhörlichen Prügeln derselbe zur großen Eingangspforte hinausgeschoben wurde.

Draußen schöpfte der halbtote Geiger frischen Atem und schlich dann ächzend dem Gasthof zu, wo die Kameraden geblieben waren. Es war schon Nacht, als er ihn erreichte, und jene beiden schliefen bereits. Am andern Morgen sahen sie ganz erstaunt den Geiger ebenfalls im Bette liegen und bestürmten ihn bald mit vielen Fragen; doch er kraute sich Kopf und Rücken, gab sehr kurze Antworten und sprach: »Geht hin und seht selber zu! Es ist eine kitzliche Sache.«

Der zweite Musiker, ein Trompeter, trat nun den Gang zu dem Zauberschloß an, fand alles ebenso wie das gebläute Geigerlein und wurde auch ebenso bewirtet mit Pasteten und Prügeln, so daß er am folgenden Morgen ebenfalls wie ein geprellter Fuchs auf seinem Lager lag und klagte, es sei ihm absonderlich aufgespielt worden, aus grober Tonart.
Dennoch hatte der dritte, ein Flötenbläser, noch Mut genug, um sein Heil im Zauberschloß zu versuchen. Er war der pfiffigste. Furchtlos durchwanderte er das ganze Schloß, es kam ihm recht angenehm vor, diese schönen Räume für immer zu besitzen; in Küche und Keller war ja Vorrat an Lebensmitteln in Hülle und Fülle. Bald wurde auch für ihn eine kostbare Tafel gedeckt, und als er lange genug fröhlich singend und flöteblasend herumgewandert war, nahm er Platz und ließ es sich behagen.
Da trat wieder das Bartmännlein herein und setzte sich neben den Gast. Und der unerschrockene Musikant ließ sich mit ihm in ein Gespräch ein und tat gerade, als ob er ihn schon hundertmal hier getroffen, doch war das Männlein nicht sehr redselig. Endlich kam es wieder an den Braten, und das Männlein ließ wieder mit Absicht sein Stück fallen; gutmütig war eben der Flötenbläser im Begriff es aufzunehmen, als er gewahrte, daß das Zwerglein flugs auf seinen Rücken springen wollte. Da wandte er sich rasch um, riß es von sich und packte und schüttelte das Männlein an seinem Bart so derb, bis er denselben zuletzt ganz herausriß, und der kleine Alte ächzend niederstürzte. Aber sowie der Jüngling den Bart in seinen Händen hatte, überkam ihn eine außerordentliche Kraft, und er erschaute im Schloß noch viel wunderbarere Dinge als vorher; dagegen hatte das Männlein fast alles Leben verloren; es winselte und flehte: »Gib, o gib mir meinen Bart wieder, so will ich dir allen Zauber, der dieses Schloß umfaßt, kundtun und dir dazu verhelfen, den Zauber zu

lösen, so daß du dadurch reich und ewig glücklich werden wirst.«
Der kluge Flötenbläser aber sprach: »Deinen Bart sollst du wiederhaben, doch mußt du mir zuvor alles dies kundtun, sonst bist du ein Schalk. Und eher gebe ich den Bart nicht aus meinen Händen.«
Da mußte der Alte sich bequemen, erst sein Versprechen zu erfüllen, ob er es gleich nicht willens gewesen war, sondern nur mit List seinen Bart wieder an sich bringen wollte. Der Jüngling mußte ihm nun folgen, durch dunkle geheime Gänge, unterirdische Gewölbe und grauliche Felsklüfte, bis sie endlich auf ein freies Gefilde kamen, das gänzlich aussah wie eine viel schönere Welt als die unsrige. Und an einen Strom kamen sie, der brauste wild; doch das Männlein zog einen kleinen Stab hervor und schlug ins Wasser, worauf alsbald die Flut auseinandertrat und stillestand, bis beide trockenen Fußes hinüber waren.
Drüben war es eine Pracht! Da ging es weiter durch grüne, herrliche Laubgänge, überall Blumen, Vöglein mit Silber- und Goldfedern, die sangen wundersam, und glänzende Käfer und Schmetterlinge gaukelten und tanzten herum, und andere niedliche Tiere schäkerten in Büschen und Hecken; und der Himmel über ihnen sah nicht blau, sondern wie pure Goldstrahlen aus, und die Sterne waren viel größer und kreiseten wie in verschlungenen Tänzen durcheinander.
Der Jüngling staunte; und staunte noch mehr, als er von dem grauen Zwerglein in ein noch weit prachtvolleres Gebäude als das Wunderschloß geführt wurde. Auch hier herrschte neben aller Herrlichkeit die tiefste Stille in den Gemächern, und als sie deren viele durchwandert hatten, kamen sie in eins, welches ganz mit Schleiern behangen war, wo in der Mitte des Zimmers ein dicht verhülltes Bett stand, darüber ein schöner Vogelbauer hing mit einem

Vöglein, welches die hübschesten Lieder durch die einsame Stille schmetterte.
Das graue Männlein hob die Schleier und Hüllen vom Bett und führte den Jüngling näher; dieser sah hier auf weichen seidenen Kissen, die reich mit Goldtroddeln behangen waren, ein liebliches Mädchen schlafend daliegen, das war so schön wie ein Engel, hatte ein weißes Kleidchen an, und über seine Brust und Schultern wallten die goldenen Locken herab, und auf dem Haupte blitzte eine diamantene Krone; aber ein tiefer totenähnlicher Schlaf hielt die sanften Züge gefangen, und kein Geräusch vermochte die holde Schläferin zu erwecken.
Da sprach das Männlein zu dem verwunderten Jüngling: »Siehe hier dieses schlafende Kind! Es ist eine hohe Prinzessin. Dieses schöne Schloß und dieses gesegnete Land ist ihr Erbgut, wenn sie erlöst ist; aber seit Jahrhunderten schläft sie den festen Zauberschlaf, und auch seit Jahrhunderten fand noch keine menschliche Seele den Weg, der hierherführt, den nur ich täglich zurücklegte, um dort im Schloß, welches meine Wohnung ist, zu speisen und etwa die goldgierigen Menschen, die sich einfanden, mit einem Gericht Prügel zu bedienen. Ich bin der Wächter über diese Schläferin und mußte sorgfältig verhüten, daß ein Fremder hier eindringe, und dazu ward mir mein Bart, in welchem solche übermäßigen Kräfte wohnen, daß auch ich ebenfalls seit Jahrhunderten diesen Zauber zu üben vermag. Doch nun, wo mir der Bart entrissen, bin ich kraftlos und muß dieses überschwengliche Glück lassen, welches mit der holden Prinzessin erwacht, dir entdecken und überlassen. Und so schicke dich rasch zur Ausführung des Erlösungswunders. Nimm diesen Vogel, der über der Prinzessin hängt, und der sie einst in den Zauberschlummer gesungen hat und seitdem jene Melodien auch immerfort singen mußte – nimm ihn, schlachte ihn, und schneide ihm das kleine Herz aus, brenne es dann zu Pul-

ver, und gib dieses der Prinzessin in den Mund. Alsbald wird sie davon erwachen und wird dich beglücken mit Hand und Herz, mit Land und Schloß und allen ihren Schätzen!«

Das Männlein schwieg erschöpft, und der Jüngling säumte nicht, an das Werk der Erlösung zu gehen. Schnell und gut wurde alles getreu nach der Angabe des kleinen Alten ausgeführt und das Pülverlein bereitet. Nach wenigen Minuten, als es der Prinzessin gegeben war, schlug sie frisch und lächelnd die Augen auf, und hob sich vom Lager empor und sank dem glücklichen Jüngling an die Brust, liebkosete und dankte ihm und nahm ihn zu ihrem Gemahl an. Und in demselben Moment zog ein Donnern und Krachen durch das Schloß, auf allen Treppen wurde es laut, und in allen Zimmern wurde es geräuschvoll. Und endlich kam eine Schar Diener und Dienerinnen mit freundlichen Gesichtern in das Zimmer getreten, in welchem das glückliche Paar weilte und alle freuten sich, und flogen dann flink und froh in die Küchen und Kellerräume, in Zimmer und Säle und Gänge an ihre Arbeit, und waren alle wie neugeboren.

Das graue Zwerglein aber heischte nun streng seinen Bart von dem Jüngling, und gedachte immer noch in seinem boshaften Herzen dem Glücklichen einen Possen zu spielen. Denn, wenn ihm der Bart erst wieder am Kinn saß, hatte er Macht, alle Sterblichen zu überwältigen. Allein der kluge Flötenbläser gebrauchte noch immer Vorsicht mit dem tückischen Männlein, er sprach: »Oh, deinen Bart sollst du wiederhaben, sei nicht bange, ich will ihn dir zum Abschied überreichen, aber erlaube, daß wir beide, meine holde Braut und ich, dich eine kleine Strecke begleiten dürfen.« Das konnte das Männlein nicht verweigern. Sie gingen nun weit durch schöne Laubgänge und Blumenbeete mit dem Zwerg, und kamen endlich an das ungeheuer tiefe, rauschende Wasser, welches viele viele Meilen weit in der Runde um das Land der Prinzessin strömte und gleichsam die Grenzscheidung bildete. Keine Brücke und kein Nachen war rings vorhanden, worauf Menschen das jenseitige Ufer erreichen konnten; auch kein kühner Schwimmer hätte es errungen, denn die Wellenflut war zu tosend und wild. Da sprach der Jüngling zu dem Männlein: »Gib mir deinen Stab, auf daß ich dir diesmal noch zur Ehre das Wasser auseinander scheide.« Und das Männlein mußte gehorchen, weil es seine Bartkräfte noch nicht wieder hatte, und dachte auch im stillen noch in hämische Freude: wenn er mir drüben, über dem Wasser, den Bart überreicht, so bekomme ich ihn doch in meine Gewalt, nehme ihm dann den Stab wieder ab, und beide können ihr wunderschönes Land nie betreten. Aber nicht also gingen des Zwerges boshafte Gedanken aus. Der kluge, glückliche Jüngling schlug mit dem Stab ins Wasser, es teilte sich behende und stand stille, und der Zwerg ging voran und ging hinüber, und schnell hinter ihm brausete die Flut zusammen; aber der Jüngling war mit seiner lieben Braut am andern Ufer zurückgeblieben, er behielt den Zauberstab und schleuderte nur den Bart übers Wasser hinüber, so daß ihn der Zwerg drüben auffing und sich ihn wieder ansetzte; und so war der Alte doch um seinen Zauberstab betrogen und durfte hinfort nimmer wieder das herrliche Gebiet betreten. Und der glückliche Jüngling kehrte zurück ins Schloß mit seiner Holden, zu steter Freude und Glückseligkeit; und keine Sehnsucht kam ihm in sein Herz, je wieder zu seinen Kameraden zurückzukehren. Die saßen lange im Wirtshaus, und als jener nicht wiederkam, sprachen sie: »Der ist flöten gegangen« – und das ist hernach zum Sprichwort geworden, wenn einer oder eine Sache abhanden und nicht wieder kommt.

[Märchen aus Deutschland]

Das lautenspielende Eselein

Es lebten einmal ein König und eine Königin, die waren reich und hatten alles, was sie sich wünschten, nur keine Kinder. Darüber klagte die Königin Tag und Nacht und sprach: »Ich bin wie ein Acker, auf dem nichts wächst.« Endlich erfüllte Gott ihre Wünsche: Als das Kind aber zur Welt kam, sah's nicht aus wie ein Menschenkind, sondern war ein junges Eselein. Wie die Mutter das erblickte, fing ihr Jammer und Geschrei erst recht an, sie hätte lieber gar kein Kind gehabt als einen Esel, und sagte, man sollt ihn ins Wasser werfen, damit ihn die Fische fräßen.

Der König aber sprach: »Nein, hat Gott ihn gegeben, soll er auch mein Sohn und Erbe sein, nach meinem Tod auf dem königlichen Thron sitzen und die königliche Krone tragen.« Also wurde das Eselein aufgezogen, nahm zu, und die Ohren wuchsen ihm auch fein hoch und gerad hinauf. Es war aber sonst fröhlicher Art, sprang herum, spielte und hatte besonders seine Lust an der Musik, so daß es zu einem berühmten Spielmann ging und sprach: »Lehre mich deine Kunst, daß ich so gut die Laute schlagen kann wie du.«

»Ach, liebes Herrlein«, antwortete der Spielmann, »das sollt Euch schwerfallen, Eure Finger sind nicht dazu gemacht und gar zu groß; ich sorge, die Saiten halten's nicht aus.«

Es half keine Ausrede, das Eselein wollte und mußte die Laute schlagen, war beharrlich und fleißig und lernte es am Ende so gut wie sein Meister selber. Einmal ging das junge Herrlein nachdenklich spazieren und kam an einen

Brunnen, da schaute es hinein und sah im spiegelhellen Wasser seine Eseleinsgestalt. Darüber war es so betrübt, daß es in die weite Welt ging und nur einen treuen Gesellen mitnahm. Sie zogen auf und ab, zuletzt kamen sie in ein Reich, wo ein alter König herrschte, der nur eine einzige, aber wunderschöne Tochter hatte. Das Eselein sagte: »Hier wollen wir weilen«, klopfte ans Tor und rief: »Es ist ein Gast haußen, macht auf, damit er eingehen kann.«

Als aber nicht aufgetan wurde, setzte er sich hin, nahm seine Laute und schlug sie mit seinen zwei Vorderfüßen aufs lieblichste. Da sperrte der Türhüter gewaltig die Augen auf, lief zum König und sprach: »Da draußen sitzt ein junges Eselein vor dem Tor, das schlägt die Laute so gut als ein gelernter Meister.«

»So laß mir den Musikanten hereinkommen«, sprach der König. Wie aber ein Eselein hereintrat, fing alles an, über den Lautenschläger zu lachen. Nun sollte das Eselein unten zu den Knechten gesetzt und gespeist werden, es wurde aber unwillig und sprach: »Ich bin kein gemeines Stalleselein, ich bin ein vornehmes.«

Da sagten sie: »Wenn du das bist, so setze dich zu dem Kriegsvolk.«

»Nein«, sprach es, »ich will beim König sitzen.«

Der König lachte und sprach in gutem Mut: »Ja, es soll so sein, wie du verlangst, Eselein, komm her zu mir.« Danach fragte er: »Eselein, wie gefällt dir meine Tochter?«

Das Eselein drehte den Kopf nach ihr, schaute sie an, nickte und sprach: »Über die Maßen wohl, sie ist so schön, wie ich noch keine gesehen habe.«

»Nun, so sollst du auch neben ihr sitzen«, sagte der König.

»Das ist mir eben recht«, sprach das Eselein und setzte sich an ihre Seite, aß und trank und wußte sich fein und säuberlich zu betragen.

Als das edle Tierlein eine gute Zeit an des Königs Hof

geblieben war, dachte es: »Was hilft das alles, du mußt wieder heim«, ließ den Kopf traurig hängen, trat vor den König und verlangte seinen Abschied. Der König hatte es aber liebgewonnen und sprach: »Eselein, was ist dir? Du schaust ja sauer wie ein Essigkrug; bleib bei mir, ich will dir geben, was du verlangst. Willst du Gold?«
»Nein«, sagte das Eselein und schüttelte mit dem Kopf.
»Willst du Kostbarkeiten und Schmuck?«
»Nein.«
»Willst du mein halbes Reich?«
»Ach nein.«
Da sprach der König: »Wenn ich nur wüßte, was dich vergnügt machen könnte: willst du meine schöne Tochter zur Frau?«
»Ach ja«, sagte das Eselein, »die möchte ich wohl haben«, war auf einmal ganz lustig und guter Dinge, denn das war's gerade, was es sich gewünscht hatte. Also wurde eine große und prächtige Hochzeit gehalten.
Abends, wie Braut und Bräutigam in ihr Schlafkämmerlein geführt wurden, wollte der König wissen, ob sich das Eselein auch fein artig und manierlich betrüge, und hieß einen Diener sich dort verstecken. Wie sie nun beide drinnen waren, schob der Bräutigam den Riegel vor die Tür, blickte sich um, und wie er glaubte, daß sie ganz allein wären, da warf er auf einmal seine Eselshaut ab und stand da als ein schöner königlicher Jüngling. »Nun siehst du«, sprach er, »wer ich bin, und siehst auch, daß ich deiner nicht unwert war.« Da wurde die Braut froh, küßte ihn und hatte ihn von Herzen lieb. Als aber der Morgen herankam, sprang er auf, zog seine Tierhaut wieder über, und hätte kein Mensch gedacht, was für einer dahintersteckte. Bald kam auch der alte König gegangen. »Ei«, rief er, »ist das Eselein schon munter! Du bist wohl recht traurig«, sagte er zu seiner Tochter, »daß du keinen ordentlichen Menschen zum Mann bekommen hast?«

»Ach nein, lieber Vater, ich habe ihn so lieb, als wenn er der allerschönste wäre, und will ihn mein Lebtag behalten.« Der König wunderte sich, aber der Diener, der sich versteckt hatte, kam und offenbarte ihm alles. Der König sprach: »Das ist nimmermehr wahr.«

»So wacht selber die folgende Nacht, Ihr werdet's mit eigenen Augen sehen, und wißt Ihr was, Herr König, nehmt ihm die Haut weg und werft sie ins Feuer, so muß er sich wohl in seiner rechten Gestalt zeigen.«

»Dein Rat ist gut«, sprach der König, und abends, als sie schliefen, schlich er sich hinein, und wie er zum Bett kam, sah er im Mondschein einen stolzen Jüngling da ruhen, und die Haut lag abgestreift auf der Erde. Da nahm er sie weg und ließ draußen ein gewaltiges Feuer anmachen und die Haut hineinwerfen und blieb selber dabei, bis sie ganz zu Asche verbrannt war. Weil er aber sehen wollte, wie sich der Beraubte anstellen würde, blieb er die Nacht über wach und lauschte. Als der Jüngling ausgeschlafen hatte, beim ersten Morgenschein, stand er auf und wollte die Eselshaut anziehen, aber sie war nicht zu finden. Da erschrak er und sprach voll Trauer und Angst: »Nun muß ich sehen, daß ich entfliehe«. Wie er hinaustrat, stand aber der König da und sprach: »Mein Sohn, wohin so eilig, was hast du im Sinn? Bleib hier, du bist ein so schöner Mann, du sollst nicht wieder von mir. Ich gebe dir jetzt mein Reich halb, und nach meinem Tod bekommst du es ganz.«

»So wünsch' ich, daß der gute Anfang auch ein gutes Ende nehme«, sprach der Jüngling, »ich bleibe bei Euch.«

Da gab ihm der Alte das halbe Reich, und als er nach einem Jahr starb, hatte er das ganze, und nach dem Tod seines Vaters noch eins dazu, und lebte in aller Herrlichkeit.

[Märchen aus dem Mittelalter]

Das klagende Lied

Es war einmal ein König, der starb und hinterließ seine Frau, die Königin, und zwei Kinder, einen Sohn und eine Tochter. Die Tochter war aber ein Jahr älter als der Sohn. Und eines Tages stritten die beiden Königskinder miteinander, welches von ihnen beiden König werden sollte, denn der Bruder sagte: »Ich bin ein Prinz, und wenn Prinzen da sind, kommen die Prinzessinnen nicht zur Regierung«; die Tochter aber sprach dagegen: »Ich bin die Erstgeborene und Älteste, mir gebührt der Vorrang.« Beides, was die Kinder da sagten, sagten sie in aller Unschuld und hatten die Worte nur so aufgeschnappt von dem Hofgesinde, ohne den Sinn so recht eigentlich zu verstehen. Da sie nun über ihren Streit nicht einig wurden, so gingen sie miteinander zur Mutter und fragten diese: »Sage, liebe Mutter, welches von uns beiden wird dereinst König werden?«

Diese Frage betrübte die Mutter, denn es blickte der Keim der Herrschsucht durch dieselbe, die nicht wurzeln soll im Gemüte eines Kindes, und sie antwortete: »Liebe Kinder! Seht einmal hier das schöne Blümlein recht genau an, und dann gehet in den Wald und suchet. Wer von euch beiden dieses Blümchen zuerst findet, der wird dereinst König werden.«

Die Kinder sahen sich voll Aufmerksamkeit das Blümchen an; sein Stengel war gestaltet wie ein Zepterlein und endete in eine halbaufgeschlossene Lilie. Und die Kinder gingen ganz harmlos zusammen in den Wald und begannen zu suchen, und wie sie so suchten, so kamen

sie bald auseinander, daß eins das andere aus den Augen verlor.
Und da fand die kleine Prinzessin zuerst das Blümchen und freute sich darüber und sah sich nach dem Bruder um, der war aber nicht da. Und da dachte das Kind: er wird wohl bald kommen, ich will hier auf ihn warten und legte sich auf den weichen Rasen und in den kühlen Baumschatten, und es war so still im Walde, Käfer und Bienen summten bloß, und eine nahe Quelle murmelte leise, und der Himmel blickte tiefblau durch die grünen Baumwipfel herab auf den grünen Waldesrasen. Die kleine Prinzessin hatte ihr Blümchen in die Hand genommen, und weil es so still und sie ein wenig müde war, so entschlummerte sie in Gottes Namen.
Es dauerte nur eine kleine Weile, so kam der Bruder an die Waldstelle, wo die Schwester schlief; er hatte aber das Blümchen, welches er suchte, nicht gefunden; und da sah er die Schwester am Boden liegen, süß schlummernd, und die hatte das Blümchen in ihrer Hand.
Da stiegen in des Prinzen Seele schwarze Gedanken auf, und Schreckliches kam ihm in den Sinn.
Ich muß König werden, ich! dachte er, und die Schwester soll es nicht werden! Lieber will ich sie töten und will die Blume nehmen und damit heimgehen, und dann werde ich König.
Ach, da hieß es recht: gedacht und getan. Der Prinz ermordete sein unschuldiges Schwesterlein im Schlafe und verscharrte es im Walde und deckte Erde darauf und Rasen auf die Erde, und kein Mensch erfuhr etwas von dieser bösen Tat, denn wie der Prinz nach Hause kam, so sagte er, seine Schwester sei im Walde von ihm hinweg und ihren eigenen Weg gegangen. Wie er die Blume gefunden gehabt, habe er den Rückweg nach Hause angetreten und geglaubt, sie sei auch schon nach Hause.
Und da sind viele Jahre hingegangen, und die alte Köni-

gin hat fort und fort getrauert über die verlorene Tochter, die sie im ganzen Walde fruchtlos suchen ließ, und hat sich den Tod gewünscht, weil sie selbst die geliebte Tochter fortgeschickt hatte, und als ihr Sohn nun die Jahre seiner Mündigkeit erreicht hatte, so wurde er König.

Und nach manchem, manchem Jahre kam ein Hirtenknabe in jenen Wald, der hütete dort seine Herde und stocherte zum Zeitvertreibe und aus Langeweile mit seiner Schippe in dem Rasen herum, wie die Hirten öfter tun, die manchesmal Herzen und Namen und Kreuze in den grünen Rasen graben, und da grub er von ungefähr ein Totenbeinlein aus von der getöteten Prinzessin, das war so rein und weiß wie Schnee. Und der Hirtenknabe machte ein paar Löchlein in das Beinlein, so wurde daraus eine kleine Flöte, und diese setzte der Hirtenknabe an seine Lippen und blies. Da quollen klagende Töne aus dem Totenbeine, ach, so unendlich traurig, und es war ordentlich, als singe in demselben eine weinende Kindesstimme, daß der Hirtenknabe selbst weinen mußte, und konnte doch nicht aufhören zu blasen. Es lautete aber das klagende Lied so:

»O Hirte mein, o Hirte mein,
Du flötest auf meinem Totenbein!
Mein Bruder erschlug mich im Haine.
Nahm aus meiner Hand
Die Blum, die ich fand,
Und sagte, sie sei die seine.
Er schlug mich im Schlaf, er schlug mich so hart –
Hat ein Grab gewühlt, hat mich hier verscharrt –
Mein Bruder – in jungen Tagen.
Nun durch deinen Mund
Soll es werden kund,
Will es Gott und Menschen klagen.«

Und immer war nur das eine und immer das eine Lied aus der beinernen Flöte zu bringen, und immer blies es der junge Hirte wieder, während ihm jedesmal die hellen Tränen über die Wangen herabrollten.
Wenn das klagende Lied im Walde erklang, da wurden alle Vögelein stumm und traurig, hingen Köpflein und Flügel und schwiegen; auch die Käfer und Bienen summten nicht mehr, und selbst das Murmeln der plätschernden, geschwätzigen Quelle war nicht mehr zu hören – es wurde so recht, was man sagt: totenstill.
Schallte das klagende Lied über eine Trift, so hingen die Tiere der Weide wehmütig die Häupter, und keines gab einen Laut; auch der Hund bellte nicht mehr und sprang nicht, wie sonst, fröhlich umher, vielmehr duckte er sich und winselte ganz leise, denn es war für alle Kreatur etwas Herzzerschneidendes in dem klagenden Lied. Aber der Hirtenknabe konnte nicht müde werden, dieses Lied zu flöten, bis einst ein Rittersmann am Hag vorüberkam, der hörte auch das Lied und fühlte, daß seine Augen tropften, und hielt und ließ nicht nach, bis der Hirtenknabe ihm, dem Ritter, die kleine Flöte käuflich abtrat. Und nun zog der Ritter im ganzen Lande herum und blies das Lied und brachte mit demselben alle Welt zu Tränen.
So kam dieser auch an den Hof, wo der junge König auf dem Thron saß, von dem das Lied sang und klagte, und die alte Königinmutter lebte auch noch, und es wurde ihr Kunde gebracht von dem ritterlichen Spielmann, der ein Lied flöte, von dessen Melodie alle Herzen erzitterten und alle Seelen mit tiefer Trauer erfüllt würden.
Die alte Königin aber, die stets traurig war, sprach: »Was könnte es in der Welt geben, das trauriger wäre als meine Trauer? Ich wüßte nichts, mich wird das klagende Lied des Spielmannes nicht trauriger machen, als ich ohnehin bin. Lasset ihn immerhin kommen.«
Der ritterliche Spielmann kam und blies:

»O Ritter mein, o Ritter mein,
Du flötest auf meinem Totenbein!
Mein Bruder erschlug mich im Haine.«

Kaum hatte die alte Königin diese wenigen Worte vernommen, so schoß schon ein Tränenstrom aus ihren Augen. Aber als es weiter tönte:

»Nahm aus meiner Hand
Die Blum, die ich fand,
Und sprach, sie wäre die seine«,

da stieß die Königin einen gellenden Schrei aus und fiel in eine tiefe Ohnmacht. Der Spielmann erschrak darüber und wollte absetzen, aber das konnte er nicht – das Lied wollte jedesmal, wenn es begonnen war, zu Ende gespielt sein – und als der letzte Ton mit tiefer Klage verzitterte, da erwachte die Königin aus ihrer Ohnmacht und rief: »Mir, mir die Flöte! Um alle meine Schätze – mir diese Flöte!«

Und der ritterliche Spielmann ließ der Königin die beinerne Flöte und sagte, er begehre keine Schätze – und nahm nichts an und zog weiter.

Und die Königin schloß sich ganz allein in ihre tiefsten Gemächer und blies das Lied und weinte so lange, bis sie fast keine Tränen mehr hatte.

Der König aber war ein lebenslustiger froher Herr geworden, der hatte seine Freude an Sang und Klang und feierte gern heitere Feste und freute sich seines Lebens. Einst geschah es, daß er auch ein Fest zu feiern beschlossen hatte, und waren zahlreiche Sänger und Spielleute bestellt und zahlreiche Gäste eingeladen worden. Der Sitte gemäß, hatte der junge König nie unterlassen, seine Mutter auch jedesmal einzuladen zu seinen Festen, aber sie hatte niemals teilgenommen, weil sie, wie sie dem Sohne dankend sagen ließ, zu viele Trauer im Herzen habe. Als aber diesesmal die Einladung wiederum an sie gelangte, da ließ sie sagen, sie werde teilnehmen. Dies wunderte den König und befremdete ihn, und er wußte nicht, ob er sich darüber freuen sollte.

Da nun alle Gäste in bunter Pracht versammelt waren und alle Sänger und Spielleute bereit und der Hof eintrat in den herrlich geschmückten Königssaal, darin das Fest stattfand, so erregte es fast eine bange Verwunderung, die alte Königin zu sehen in langem schleppenden, schwarzen Trauergewande und im Witwenschleier – der Jubel der Instrumente, der Harfen und Pauken, Flöten und Zimbeln aber brach los, und die Chöre der Sänger begannen in erhabenen Weisen eine Hymne zum Preise des Königs.

Was aber tut die alte Königin? Sie setzt sich nicht, sie steht starr, wie ein Marmorbild. Was hält sie denn für ein seltsames kleines Zepter in der Hand? Das ist ja kein Zepter, das ist ein Totenbein. Und warum hebt sie denn dies Totenbein zum Munde? Warum hält sie es so, wie Spielleute ihre Flöten halten?

Horch! Ein Ton – und es verstummen alle Pauken und Harfen und Zimbeln – noch ein Ton, und jeder Sängermund wird stumm.

Dort aber sitzt der König und blickt entsetzt, von ungeheuerem Grauen durchrieselt, auf seine Mutter, und alle, alle blicken auf die alte Königin.

Die alte Königin spielt ein Flötensolo.

»O Mutter mein, o Mutter mein –
Du flötest auf meinem Totenbein!«

Da erbeben, erzittern schon alle Herzen, da bleibt schon kein Auge trocken, Hofstaat und Gäste, Sänger und Spielleute, alle weinen.

»Mein Bruder erschlug mich im Haine.«

»Ha!« schreit der König, und das Zepter entsinkt seiner Hand, und er faßt mit beiden Händen nach seiner Krone.

»Nahm aus meiner Hand
Die Blum, die ich fand,
Und sagte, sie sei die seine.«

Da rollte die Krone von des Königs Haupte herab, fiel auf den Marmorboden und zerschellte. Es klang, als ob ein Totenschädel auf dem Marmor rasselte.

»Er schlug mich im Schlaf – er schlug mich so hart –
Hat ein Grab gewühlt, mich im Walde verscharrt.«

Da stürzte der König selbst vom Throne herab und fiel auf sein Angesicht und stöhnte und wimmerte.

»Mein Bruder – in jungen Tagen.«

Der König wand sich in Todeszuckungen und bäumte sich und schrie: »Ende! Mutter – ende!«
Aber die alte Königin konnte nicht von selbst das klagende Lied beendigen, es tönte fort:

»Nun durch deinen Mund
Soll es werden kund,
Will es Gott und Menschen klagen.«

Da flohen, während diese Worte entsetzlich und zermalmend, und doch gar nicht laut, vernommen wurden, alle Gäste, Spielleute, Sänger und Hofdienerschaft zu allen Türen des Saales hinaus – darüber Instrumente und Sessel viele zerbrachen, und die Kerzen löschten aus, bis auf zwei – und als das Lied zu Ende geklungen war, war niemand mehr im weiten Saale als nur die alte Königin im Trauergewande und ihr sterbender Sohn in seinem bunten Flitterstaate, reich besetzt mit Gold und Perlen. Und sie kniete neben dem noch immer am Boden liegenden Sohne nieder und hielt sein Haupt in ihren Händen und weinte heiße

Tränen darauf. Da löschte langsam die eine der beiden noch brennenden Kerzen aus.
Die alte Königin aber weinte und betete noch bis Mitternacht – dann verlöschte sie selbst die letzte Kerze und zerbrach die Flöte, auf daß niemand mehr das klagende Lied vernehme.

[Märchen aus Deutschland]

Vom singenden Dudelsack

Es waren einmal ein König und eine Königin, die hatten drei schöne Söhne. Nun begab es sich eines Tages, daß der König und die Königin beide von einer schweren Augenkrankheit befallen wurden und kein Arzt ihnen helfen konnte und kein Mittel anschlagen wollte. Als nun einst die Königin spazierenging, begegnete sie einem alten Mütterchen, das bat um eine Gabe. Da schenkte ihm die Königin ein Almosen, und das Mütterchen sprach: »Königliche Majestät, Ihr habt kranke Augen, und kein Arzt kann Euch helfen. Ich weiß aber ein Mittel, das ist unfehlbar. Wenn Ihr drei Federn von dem Vogel Pfau hättet und damit Eure Augen bestrichet, so würdet Ihr von Eurem Leiden genesen.«

»Wie soll ich mir aber die drei Federn verschaffen?« fragte die Königin.

»Ihr habt ja drei kräftige Söhne«, antwortete die Alte, »laßt sie ausziehen, Euch die Federn zu suchen.«

Da rief die Königin ihre drei Söhne und sprach: »Meine lieben Kinder, eine alte Frau hat mir gesagt, meine Augen und die eures Vaters könnten wieder gesund werden, wenn unsere Augen mit drei Federn von dem Vogel Pfau bestrichen würden. So zieht denn aus und sucht die drei Federn, damit wir wieder gesund werden.« Da sprach auch der König: »Und wer mir die drei Federn bringt, soll nach mir König sein.« Da segneten sie ihre drei Söhne, und sie wanderten fort, immer geradeaus.

Als sie nun eine lange Zeit gewandert waren, begegneten sie einer alten Frau, das war dieselbe, die ihrer Mutter den

Rat wegen der drei Federn gegeben hatte. »Wo geht ihr hin, schöne Jünglinge«, fragte die Alte.
»Wir sind ausgezogen, unseren Eltern drei Federn von dem Vogel Pfau zu suchen, damit ihre Augen wieder gesund werden«, antworteten die Brüder.
»Ach, ihr armen Kinder«, rief die Alte, »da müßt ihr noch lange gehen, bis ihr die findet. Erst müßt ihr ein Jahr, einen Monat und einen Tag lang wandern.«
»Wenn es denn nicht anders ist, so werden wir eben wandern, bis wir die drei Federn gefunden haben«, antworteten die Königssöhne.
Als sie nun wieder eine lange Zeit gewandert waren, begegneten sie derselben alten Frau. Die fragte sie: »Wohin geht ihr, schöne Jünglinge?« Da erzählten sie ihr, wie sie ausgezogen seien, die drei Federn zu suchen. »Wohl«, sprach sie, »wenn nun ein Jahr, ein Monat und ein Tag vergangen sind, so werdet ihr an eine tiefe Zisterne kommen, da muß einer von euch sich hinunterlassen und wieder ein Jahr, einen Monat und einen Tag darin zubringen, so kann er dem Vogel Pfau die drei Federn ausreißen.«
Da wanderten die drei Brüder wieder weiter, und als ein Jahr, ein Monat und ein Tag vergangen waren, kamen sie an die tiefe Zisterne. Da ließ sich der älteste Bruder an einem Strick festbinden und in die tiefe Zisterne hinunter und nahm ein Glöckchen mit, wenn er das läutete, so sollten ihn seine Brüder wieder hinaufziehen. Er kam aber nicht weit, denn es war in der Zisterne so dunkel, daß er bald den Mut verlor und mit dem Glöckchen das Zeichen gab, seine Brüder sollten ihn hinaufziehen.
»Versuche du es einmal«, sprach er zum zweiten Bruder. Dem ging es aber auch nicht besser; er verlor in der dunklen Zisterne den Mut und schellte zum Zeichen, daß seine Brüder ihn hinaufziehen sollten.
Nun ließ sich der Jüngste festbinden und sprach: »Wartet hier oben auf mich ein Jahr, einen Monat und einen Tag;

wenn ich dann noch kein Zeichen gebe, dann bin ich wohl tot.« Also ließ sich der jüngste Königssohn in die Zisterne hinunter, und obgleich es dunkel war, so verlor er doch nicht den Mut, sondern ging tapfer weiter, bis er auf den Grund kam. Als er sich nun umsah, befand er sich in einem großen Gewölbe, und auf der einen Seite sah er eine Tür. Als er die aufmachte, kam er in einen hellen Saal, darin weilte der Vogel Pfau. Da blieb er bei dem Vogel ein Jahr, einen Monat und einen Tag und diente ihm, und nach dieser langen Zeit gelang es ihm endlich, dem Vogel drei Federn auszureißen. Sobald er aber die drei Federn hatte, kehrte er in die Zisterne zurück und ließ sein Glöckchen erschallen. Seine Brüder waren schon im Begriff wegzugehen, denn sie dachten: »Der arme Junge ist gewiß schon lange tot.« Als sie aber das Glöckchen hörten, waren sie sehr erfreut und zogen ihn schnell aus der Zisterne heraus. Da zeigte er ihnen die drei Federn, und sie machten sich auf den Weg nach Haus.

Der älteste Bruder aber war neidisch, daß der Jüngste König werden sollte, und sprach: »Wir haben doch alle drei gearbeitet, so wollen wir jeder eine Feder unsern Eltern überbringen.« Der jüngste Bruder war es zufrieden, zog seine Federn heraus und gab dem Ältesten die schlechteste, weil er am kürzesten in der Zisterne geblieben war, dem zweiten Bruder die zweitbeste, und für sich behielt er die schönste. Da entbrannte das Herz seines ältesten Bruders vor Neid, und er beschloß, ihn zu töten.

Also sprach er zum zweiten Bruder: »Warum hat unser jüngster Bruder das getan und hat mir die schlechteste Feder gegeben, da ich doch der Älteste bin? Dafür will ich ihn töten.«

»Ach, tu das nicht«, antwortete der zweite Königssohn, »er hat ja am meisten gearbeitet, also gebührt ihm auch die beste Feder, was willst du ihn umbringen?«

»Nein«, rief der andere, »er muß sterben, und wenn du

mir nicht einen heiligen Eid schwörst, daß du zu Hause nichts davon sagen willst, so reiße ich dir auch den Kopf ab.« Da schwor ihm der zweite Bruder einen heiligen Eid, er wollte nichts verraten, und der Älteste erschlug den jüngsten Bruder und verscharrte ihn im Sand. Es war aber an den Ufern des Jordanflusses.* Die Feder hatte er ihm fortgenommen, und so wanderten die beiden Brüder weiter. Der Jüngere aber weinte immer und sprach: »Was sollen wir nun unseren Eltern sagen, wenn sie uns fragen, wo unser armer Bruder geblieben ist?«
»Wir sagen, er sei im Jordan ertrunken«, anwortete der andere.
So kamen sie endlich nach Haus und sprachen zum König und zur Königin: »Liebe Eltern, hier sind die drei Federn von dem Vogel Pfau.« Da bestrichen sie die Augen ihrer Eltern damit, damit sie wieder sehend wurden. »Wo ist denn euer jüngster Bruder?« fragte die Mutter.
»Er ist im Jordan ertrunken«, antwortete der Älteste. Da war die Mutter sehr betrübt und weinte um ihren verlorenen Sohn. Der König aber sprach: »Mein ältester Sohn hat mir zwei Federn mitgebracht und sein Bruder nur eine, so soll also der Älteste nach mir König sein.«
Ein Schäfer aber hatte gesehen, wie die beiden ihren Bruder im Sand verscharrten, und dachte: »Ich will ihn wieder herausscharren und aus seinen Knochen und der Haut einen Dudelsack machen.« Er hatte aber einen Hund mit sich, dem zeigte er den frischen Sandhügel, und der Hund scharrte so lange, bis er den toten Jüngling herausgescharrt hatte. Da ließ der Schäfer ihn an der Sonne trocknen und nahm die Knochen und die Haut und machte einen Dudelsack daraus. Weil aber der Jüngling vor der Zeit eines gewaltsamen Todes gestorben war, so war sein Geist noch nicht zu seiner Ruhe eingegangen, sondern weilte in dem

* Fiume Giordano.

toten Körper. Als nun der Schäfer anfing zu spielen, ließ der Dudelsack ein schönes Lied ertönen, das lautete also:

»Spiele mich, spiele mich, o mein Bauer,
Spiele nur immer munter fort;
Für drei Federn eines Pfauen
Ward ich getötet am Jordan dort,
Von meinem Bruder, dem Verräter.
Der zweite hat keine Schuld zu tragen,
Dem Großen aber geht es an den Kragen.«

So oft nun der Schäfer auf dem Dudelsack spielte, ertönte dieses Lied, das war so schön, daß alle, die es hörten, davon gerührt wurden. Da zog der Schäfer durch alle Länder und ließ überall sein Lied hören, und die Leute gaben ihm gern viel Geld dafür.
So kam er auch endlich in die Stadt, wo der König herrschte, und da sich das Gerücht verbreitet hatte, er spiele ein so wunderschönes Lied, so ließ ihn der König aufs Schloß kommen, damit er vor ihm und der Königin und den beiden Söhnen spielen solle. Da nun der Schäfer das Lied spielte, fing die Königin an bitterlich zu weinen, und der König sprach: »Laß mich auch einmal darauf spielen.« Als er nun anfing zu spielen, sang der Dudelsack:

»Spiele mich, spiele mich, o mein Vater,
Spiele nur immer munter fort;
Für drei Federn eines Pfauen
Ward ich getötet am Jordan dort,
Von meinem Bruder, dem Verräter.
Der zweite hat keine Schuld zu tragen,
Dem Großen aber geht es an den Kragen.«

Als nun der König zu Ende gespielt hatte, gab er den Dudelsack der Königin und sprach: »Spiele du auch einmal.« Da nahm die Königin den Dudelsack, der sang:

»Spiele mich, spiele mich, o meine Mutter,
Spiele nur immer munter fort;
Für drei Federn eines Pfauen
Ward ich getötet am Jordan dort,
Von meinem Bruder, dem Verräter.
Der zweite hat keine Schuld zu tragen,
Dem Großen aber geht es an den Kragen.«

Nach der Königin spielte auch der jüngere Bruder, und der Dudelsack sang:

»Spiele mich, spiele mich, o mein Bruder,
Spiele nur immer munter fort;
Für drei Federn eines Pfauen
Ward ich getötet am Jordan dort,
Von meinem Bruder, dem Verräter.
Du hast keine Schuld zu tragen,
Dem Großen aber geht es an den Kragen.«

Als der König das hörte, rief er: »Nun soll der Älteste auch einmal darauf spielen.« Der wollte nicht, aber der König zwang ihn zu spielen, und nun klang das Lied:

»Spiele mich, spiele mich, du Verräter,
Spiele nur immer munter fort;
Für drei Federn eines Pfauen
Hast mich getötet am Jordan dort.
Der zweite hat keine Schuld zu tragen,
Du bist es, dir geht es an den Kragen.«

Da merkten alle, daß der falsche Bruder seinen jüngsten Bruder ermordet hatte, und der König ließ einen Galgen errichten und ihn daran aufhängen. Dem Schäfer aber gab er große Schätze, damit er ihm den Dudelsack lasse.

[Märchen aus Sizilien]

Der alte Dudelsackpfeifer

◎◎◎◎◎◎

Es war einmal ein alter Dudelpfeifer, der spielte nur immer die eine Weise von der lahmen Ziege und war wohlbekannt auf allen Kindtaufen und Hochzeiten. Er hatte aber einen Sohn, der wollte gern freien, und weil er eines Dudelpfeifers Sohn war, sagten doch alle Mädchen im Dorf, daß sie ihn nicht möchten. Darüber kränkte er sich sehr, doch auf einmal verliebte sich des Schulzen Tochter in ihn, die das schönste und reichste Mädchen im Dorfe gewesen ist.

Als nun die beiden sich schon versprochen hatten, hielt ein reicher Freier bei dem Schulzen um sie an, und sie ließ sich bewegen, daß sie dem Sohne des Dudelpfeifers den Laufpaß gab. Da war der zu Tode betrübt, der alte Dudelpfeifer aber sagte, er solle sich darüber nicht kränken, er wolle ihm einen guten Rat geben. Er selbst würde bald sterben, und dann solle er ihm die Dudelpfeife mit in seinen Sarg legen, dann werde sich das übrige schon finden. Wirklich legte sich der Vater schon den andern Tag hin und starb; da steckte der Sohn ihm die Dudelpfeife in den Sarg, und sie wurde mit dem Vater begraben.

Seitdem ist jede Nacht der Alte gekommen und hat mit der Pfeife gepfiffen, und wo er vor einem Hause gepfiffen hat, da ist auch ein junges Mädchen gestorben. Damit hat er beim ersten Hause im Dorf angefangen, und das Mädchen, welches gestorben, ist die andere Nacht mit ihm gegangen und hat das Lied von der lahmen Ziege gesungen:

»Hast du unsern Vetter seine Ziege nicht gesehen?
Sie hinket, sie stinket, sie hat ein lahm Bein.«

Der alte Dudelpfeifer hat die Weise geblasen, die dazugehört. Zuletzt hatte er wohl fünfzig verstorbene Mädchenseelen hinter sich, und damit ist er endlich vor des Schulzen Haus gegangen. Da fing der Sackpfeifer auch an zu spielen, und die fünfzig Mädchen sangen dazu:

»Hast du unsern Vetter seine Ziege nicht gesehen?
Sie hinket, sie stinket, sie hat ein lahm Bein.«

Als sie ausgesungen hatten, fragte der Alte des Schulzen Tochter, ob sie nun seinen Sohn freien wollte, wo nicht, so erginge es ihr wie den anderen Mädchen im Dorfe, und sie müsse auch sterben und zu seiner Dudelpfeife das Lied singen. Da gelobte sie es an, seinen Sohn zu heiraten, und der Sackpfeifer zog ab. Am Tage darauf ging sein Sohn, der jede Nacht aufgepaßt hatte, was der Alte anstellte, hin zu des Schulzen Haus, aber da war der reiche Bräutigam schon wieder bei dem Mädchen, und ihm selbst machte sie Vorwürfe, weil sein Vater ein Hexenmeister sei. Am Abend kam der Sackpfeifer wieder und fing sein Lied an zu spielen; sowie er aber diesmal spielte, legte sich das Mädchen nieder, wurde immer kränker und kränker und lag schließlich in den letzten Zügen. Da gelobte sie wieder an, sie wolle des Sackpfeifers Sohn heiraten, und wurde wieder gesund. Am nächsten Tag kam des Sackpfeifers Sohn wieder und bat um ihre Hand; da überhäufte sie ihn abermals mit Vorwürfen. In der nächsten Nacht pfiff der Sackpfeifer die Schulzentochter wieder krank, sie aber gelobte zum drittenmal an, daß sie seinen Sohn heiraten wolle, und ihr wurde sogleich wieder besser. Als am andern Tag des Pfeifers Sohn hinkam, war schon alles bereit zur Hochzeit, und der Reiche hat abziehen müssen, und am Sonntag darauf haben sie geheiratet. Da ist aber der

Sackpfeifer noch einmal gekommen und hat sich überzeugt, daß nun alles in Ordnung war, und sein Sohn hat die Pfeife aus dem Sarg nehmen müssen, sonst hätte der alte Sackpfeifer noch immer keine Ruhe gehabt.

[Märchen aus Deutschland]

Die Erschaffung der Geige

Es waren einmal ein armer Mann und eine arme Frau, die hatten lange Zeit keine Kinder. Da geschah es einmal, daß die Frau in den Wald ging und einem alten Weibe begegnete, das also zu ihr sprach: »Gehe nach Hause und zerschlage einen Kürbis, gieße Milch in denselben, und dann trinke sie. Du wirst dann einen Sohn gebären, der glücklich und reich werden wird!« Hierauf verschwand das alte Weib, die Frau aber ging nach Hause und tat, wie ihr geheißen war. Nach neun Monaten gebar sie einen schönen Knaben. Doch nicht lange Zeit hindurch sollte die Frau glücklich bleiben, denn sie wurde bald krank und starb. Ihr Mann starb auch, als der Knabe zwanzig Jahre alt wurde. Da dachte sich der Jüngling: Was soll ich hier machen? Ich gehe in die Welt und suche mein Glück!

Der Jüngling ging also von Dorf zu Dorf, von Stadt zu Stadt, fand aber nirgends sein Glück. Da kam er einmal in eine große Stadt, wo ein reicher König wohnte, der eine wunderschöne Tochter besaß. Ihr Vater wollte sie nur dem Manne zur Frau geben, der so etwas machen könne, was noch niemand auf der Welt gesehen hatte. Viele Männer hatten schon ihr Glück versucht, aber sie wurden alle vom König aufgehängt, denn sie konnten nichts machen, was man nicht schon zuvor gesehen hatte.

Als der Jüngling dies hörte, ging er zum König und sprach: »Ich will deine Tochter zur Frau haben; sag, was soll ich denn machen?«

Der König erzürnte und sprach: »Du fragst, was du machen sollst? Du weißt ja, daß nur der meine Tochter zur

Frau erhält, der so etwas machen kann, was noch niemand auf der Welt gesehen hat! Weil du so dumm gefragt hast, sollst du im Kerker sterben!« Hierauf sperrten die Diener des Königs den Jüngling in einen dunklen Kerker.

Kaum daß sie die Tür zugesperrt hatten, da wurde es hell und die Feenkönigin Matuya erschien, die den Armen in Bedrängnis hilfreich zur Seite steht. Sie sprach zum Jüngling: »Nicht sei traurig! Du sollst noch die Königstochter heiraten! Hier hast du eine kleine Kiste und ein Stäbchen! Reiß mir Haare von meinem Kopf und spanne sie über die Kiste und das Stäbchen!« Der Jüngling tat also, wie ihm die Matuya gesagt hatte.

Als er fertig war, sprach sie: »Streich mit dem Stäbchen über die Haare der Kiste!« Der Jüngling tat es. Hierauf sprach die Matuya: »Diese Kiste soll eine Geige werden und die Menschen froh oder traurig machen, je nachdem wie du es willst.« Hierauf nahm sie die Kiste und lachte hinein, dann begann sie zu weinen und ließ ihre Tränen in die Kiste fallen. Sie sprach nun zum Jüngling: »Streich nun über die Haare der Kiste!«

Der Jüngling tat es, und da strömten aus der Kiste Lieder, die das Herz bald traurig, bald fröhlich stimmten. Als die Matuya verschwand, rief der Jüngling den Knechten zu und ließ sich zum König führen. Er sprach zu ihm: »Nun also höre und sieh, was ich gemacht habe!« Hierauf begann er zu spielen, und der König war außer sich vor Freude. Er gab dem Jüngling seine schöne Tochter zur Frau, und nun lebten sie alle in Glück und Freude. So kam die Geige auf die Welt.

[Zigeunermärchen]

Die Wetten des Flötenspielers

◎◎◎◎◎◎

Es war einmal ein Faulpelz, dessen Beruf war es, Flöte zu spielen. In seiner großen Faulheit spielte er sie auf der Nase liegend. Als er so spielte, bemerkte er eine Schlange, die gab ihm hundert Franken. Als er das Geld seiner Frau brachte, fragte sie ihn: »Wo hast du das gestohlen?« Er antwortete: »Nimm es, und kümmere dich nicht darum!« Dann ging er wieder hin, spielte, und die Schlange gab ihm nochmals hundert Franken. Als er zum drittenmal an denselben Ort kam und spielte, sagte die Schlange zu ihm: »Ich bin krank und gehe nicht mehr aus. Grabe an dieser Stelle nach, und du wirst mich finden. Und wenn du mich gefunden hast, dann nimm mich und pflanze mich in deinen Garten ein!« Der Flötenspieler tat so, und als er sie eingepflanzt hatte, entstand ein schöner Baum, der trug zweierlei Früchte, Quitten und Apfelsinen.

Nun kam einst ein Kapitän und sah von ferne die Apfelsinen; sie fielen ihm auf, und er ging in ein Café und sagte, daß er noch nirgends solche Apfelsinen gesehen habe. Es befand sich aber, als er dies sagte, auch der Eigentümer des Baumes in diesem Café, der wettete, daß es Quitten seien.

Der Kapitän erwiderte: »Bist du so dumm zu behaupten, daß es Quitten sind, und es sind doch Apfelsinen? Um was wollen wir wetten? Ich setze mein ganzes Schiff ein.« Der andere setzte den Baum ein und seine Frau dazu. Am nächsten Tag trug jener Baum lauter Quitten. So hatte der Besitzer des Baumes gewonnen und bekam das Schiff.

Darauf kam ein Jude, der hatte einen Korb mit verschiedenen Glaswaren. Dieser wieder sah den Baum mit Quitten, und er fiel ihm sehr auf wegen seiner Größe. Er wettete wieder mit dem Besitzer des Baumes, der behauptete, es wären Apfelsinen. Der Jude wettete um seinen Korb mit den Glaswaren, daß es Quitten seien; der andere wettete um denselben Baum und das Schiff, daß es Apfelsinen wären. Am andern Morgen trug der Baum Apfelsinen, und sein Eigentümer hatte die Wette und den Korb mit Gläsern gewonnen.

Der Jude war aber schlau, er ging weg und kehrte wieder zu seinem Dorf zurück. Als er seine Geschäfte besorgt hatte, kam er wieder und suchte die Frau dessen, der den Baum besaß, auf und sagte zu ihr: »Nimm alle Glaswaren, welche ich trage!«

Sie nahm sie und wollte sie ihm bezahlen, aber er behielt das Geld nicht, sondern ging wieder vorbei und sagte zu ihr: »Ich will kein Geld, sondern ich will dich!« und gab es ihr zurück. Und er sagte zu ihr: »Ich will, daß du mir sagst, was es für eine Bewandtnis mit diesem Baum hat.«

Sie antwortete: »Mein Mann war ein Faulpelz und spielte einst in einer Mühle die Flöte. Da kam ein Schlange, und er brachte sie und pflanzte sie in unserem Garten ein. Und sie trägt zweierlei Früchte, Apfelsinen und Quitten.« Da ging der Jude weg und suchte ihren Mann auf und sagte zu ihm: »Wir wollen wetten, daß dein Baum Quitten trägt.« Der Besitzer des Baumes behauptete, er trage Apfelsinen, und er wettete um das Schiff, den Baum und seine Frau, der Jude um einen Korb. Am andern Morgen trug der Baum Quitten, und der Jude nahm seinen Gewinn und ließ den Flötenspieler im Elend.

Als er nun allein war, ärgerte er sich sehr über die Sache und ging und suchte die Sonne auf und sagte zu ihr: »Was soll ich tun, um mich zu retten?«

Die Sonne erwiderte: »Suche denselben Juden auf und wette mit ihm, daß ich in Akrotiri aufgehe, obwohl ich

gewöhnlich in Anafi aufgehe. Aber an diesem Tage werde ich in Akrotiri aufgehen, um dir zu helfen.«
Da sucht jener den Juden auf und sagt zu ihm: »Wir wollen wetten, daß die Sonne in Akrotiri aufgeht.« Der Jude erwiderte: »Ei, du Dummkopf, sie geht in Anafi auf.« Sie wetteten also an diesem Tage, und der Jude setzte alles ein, was er gewonnen hatte, der andere aber setzte sein Leben ein. Des Morgens gingen sie auf ein Feld, um zu sehen, wo die Sonne aufgeht. Und die Sonne ging wirklich in Akrotiri auf, und der, welcher sein Leben eingesetzt hatte, gewann. Nachdem er sein ganzes Vermögen wieder gewonnen hatte, ging er nach Hause und schlug seine Frau tot. Dann setzte er sich in seinem Hause zur Ruhe und freut sich seines Lebens bis heute.

[Märchen aus Griechenland]

Der beherzte Flötenspieler

Es war einmal ein lustiger Musikant, der die Flöte meisterhaft spielte; er reiste daher in der Welt herum, spielte auf seiner Flöte in Dörfern und in Städten und erwarb sich dadurch seinen Unterhalt. So kam er auch eines Abends auf einen Pächtershof und übernachtete da, weil er das nächste Dorf vor einbrechender Nacht nicht erreichen konnte. Er wurde von dem Pächter freundlich aufgenommen, mußte mit ihm speisen und nach beendeter Mahlzeit einige Stücklein auf seiner Flöte vorspielen.

Als dieses der Musikant getan hatte, schaute er zum Fenster hinaus und gewahrte in kurzer Entfernung bei dem Schein des Mondes eine alte Burg, die teilweise in Trümmern zu liegen schien. »Was ist das für ein altes Schloß?« fragte er den Pächter, »und wem hat es gehört?« Der Pächter erzählte, daß vor vielen, vielen Jahren ein Graf da gewohnt habe, der sehr reich, aber auch sehr geizig gewesen sei. Er habe seine Untertanen sehr geplagt, keinem armen Menschen ein Almosen gegeben und sei schließlich ohne Erben (weil er aus Geiz sich nicht einmal verheiratet habe) gestorben. Darauf hatten seine nächsten Anverwandten die Erbschaft in Besitz nehmen wollen, hätten aber nicht das geringste Geld gefunden. Man behaupte daher, er müsse den Schatz vergraben haben und dieser möge heute noch in dem alten Schloß verborgen liegen. Schon viele Menschen seien des Schatzes wegen in die alte Burg gegangen, aber keiner sei wieder zum Vorschein gekommen. Daher habe die Obrigkeit den Eintritt in dies alte Schloß untersagt und alle Menschen im ganzen Lande ernstlich davor gewarnt.

Der Musikant hatte aufmerksam zugehört, und als der Pächter seinen Bericht beendet hatte, äußerte er, daß er großes Verlangen habe, auch einmal hineinzugehen, denn er sei beherzt und kenne keine Furcht.
Der Pächter bat ihn aufs dringendste und endlich schier fußfällig, doch ja sein junges Leben zu schonen und nicht in das Schloß zu gehen. Aber es half kein Bitten und Flehen, der Musikant war unerschütterlich.
Zwei Knechte des Pächters mußten ein Paar Laternen anzünden und den beherzten Musikanten bis an das alte schaurige Schloß begleiten. Dann schickte er sie mit einer Laterne wieder zurück, er aber nahm die zweite in die Hand und stieg mutig eine hohe Treppe hinan. Als er diese erstiegen hatte, kam er in einen großen Saal, um den ringsherum Türen waren. Er öffnete die erste und ging hinein, setzte sich an einen darin befindlichen altväterischen Tisch, stellte sein Licht darauf und spielte die Flöte.
Der Pächter aber konnte die ganze Nacht vor lauter Sorgen nicht schlafen und sah öfters zum Fenster hinaus. Er freute sich jedesmal unaussprechlich, wenn er drüben den Gast noch musizieren hörte. Doch als seine Wanduhr elf schlug und das Flötenspiel verstummte, erschrak er heftig und glaubte nun nicht anders, als der Geist oder der Teufel oder wer sonst in diesem Schloß hauste, habe dem schönen Burschen ganz gewiß den Hals umgedreht.
Doch der Musikant hatte ohne Furcht sein Flötenspiel abgewartet und gepflegt; als aber sich dann Hunger bei ihm regte, weil er nicht viel bei dem Pächter gegessen hatte, so ging er in dem Zimmer auf und ab und sah sich um. Da erblickte er einen Topf voll ungekochter Linsen stehen, auf einem andern Tische stand ein Gefäß voll Wasser, eines voll Salz und eine Flasche Wein. Er goß geschwind Wasser über die Linsen, tat Salz daran, machte Feuer in dem Ofen an, weil auch Holz dabeilag, und kochte sich eine Linsensuppe. Während die Linsen kochten, trank er die Flasche

Wein leer, und dann spielte er wieder Flöte. Als die Linsen gekocht waren, rückte er sie vom Feuer, schüttete sie in die auf dem Tische schon bereitstehende Schüssel und aß frisch darauf los.
Jetzt sah er nach seiner Uhr, und es war um die zwölfte Stunde. Da ging plötzlich die Tür auf, zwei lange schwarze Männer traten herein und trugen eine Totenbahre, auf der ein Sarg stand. Diesen stellten sie, ohne ein Wort zu sagen, vor den Musikanten, der sich keineswegs beim Essen stören ließ, und gingen ebenso lautlos, wie sie gekommen waren, wieder zur Tür hinaus. Als sie sich entfernt hatten, stand der Musikant hastig auf und öffnete den Sarg. Ein altes Männchen, klein und verhutzelt, mit grauen Haaren und grauem Barte lag darinnen; aber der Bursche fürchtete sich nicht, nahm es heraus, setzte es an den Ofen, und kaum schien es erwärmt zu sein, als sich schon Leben in ihm regte. Er gab ihm hierauf Linsen zu essen und war ganz mit dem Männchen beschäftigt, ja fütterte es wie eine Mutter ihr Kind.
Da wurde das Männchen ganz lebhaft und sprach zu ihm: »Folge mir!« Das Männchen ging voraus, der Bursche aber nahm seine Laterne und folgte ihm ohne Zagen. Es führte ihn nun eine hohe verfallene Treppe hinab, und so gelangten endlich beide in ein tiefes schauerliches Gewölbe.
Hier lag ein großer Haufen Geld. Da gebot das Männchen dem Burschen: »Diesen Haufen teile mir in zwei ganz gleiche Teile, aber daß nichts übrigbleibt, sonst bringe ich dich ums Leben!«
Der Bursche lächelte bloß, fing sogleich an zu zählen auf zwei große Tische herüber und hinüber und brachte so das Geld in kurzer Zeit in zwei gleiche Teile, doch zuletzt – war noch ein Kreuzer übrig. Der Musikant aber besann sich kurz, nahm sein Taschenmesser heraus, setzte es auf den Kreuzer mit der Schneide und schlug ihn mit einem dabeiliegenden Hammer entzwei. Als er nun die

eine Hälfte auf diesen, die andere auf jenen Haufen warf, wurde das Männchen ganz heiter und sprach: »Du himmlischer Mann, du hast mich erlöst! Schon hundert Jahre muß ich meinen Schatz bewachen, den ich aus Geiz zusammengescharrt habe, bis es einem gelingen würde, das Geld in zwei gleiche Teile zu teilen. Noch nie ist es einem gelungen, und ich habe sie alle erwürgen müssen. Der eine Haufen Geld ist nun dein, den andern aber teile unter die Armen. Göttlicher Mensch, du hast mich erlöst!« Darauf verschwand das Männchen. Der Bursche aber stieg die Treppe hinauf und spielte in seinem vorigen Zimmer lustige Stücklein auf seiner Flöte.

Da freute sich der Pächter, daß er ihn wieder spielen hörte, und mit dem frühesten Morgen ging er auf das Schloß (denn am Tage durfte jedermann hinein) und empfing den Burschen voller Freude. Dieser erzählte ihm die Geschichte, dann ging er hinunter zu seinem Schatz, tat wie ihm das Männchen befohlen hatte und verteilte die eine Hälfte unter die Armen. Das alte Schloß aber ließ er niederreißen, und bald stand an der vorigen Stelle ein neues, wo nun der Musikant als reicher Mann wohnte.

[Märchen aus Deutschland]

Die Wundergeige

◎◎◎◎◎◎

Ein Bäcker lebte in einer Reichsstadt, er arbeitete fleißig und ließ es sich sauer werden. Trotzdem konnte er nicht recht zu Wohlstand kommen. Das Getreide war teuer und ging gleich zur Neige. Er hätte schon nach Straßburg fahren und neues holen sollen. Aber es fehlte ihm am nötigen Geld. In solchen Sorgen kam ihm in einer schlaflosen Nacht ein seltsamer Einfall in den Sinn. Er sagte zu seiner Frau: »Mein liebes Weib, du siehst, daß wir so wenig verdienen, wie sehr wir uns auch plagen; dabei geben wir keinen Heller unnötig aus. Wie straft uns doch Gott so sehr!« So fing es mit Gott an und hörte dann auch auf seiner Seite auf. »Wenn du mir nur helfen wolltest, dann würden wir sehen, ob sich das Glück nicht doch auch uns zuwenden könnte.«

Sie sagte: »Mein lieber Mann, ich wollt's von Herzen gern tun, wenn es auf rechtschaffene Art zugehen kann.«

Er bejahte und entwickelte seinen Plan: »Sieh dich in der Metzgerei nach Kalbsblut um. Dann will ich dich auf die Erde legen und mit diesem Blut bestreichen. Danach beginne ich einen Riesenkrach im Haus, als ob ich alles zertrümmern und zu Boden schlagen wollte. Indessen quietsche und schrei du tüchtig! Wenn dann die Nachbarn herzulaufen, dann lieg du, als seist du tot. Danach aber will ich dich mit meiner Geige allmählich wieder lebendig geigen. Dabei kannst und mußt du mir helfen.« Die Frau war's zufrieden. Der Mann fing zu poltern an, als wollte er das ganze Haus einwerfen. Da schrie auch das Weib, und es schrien die Kinder. Das hörte man weit und breit. Die

Nachbarn kamen herzugelaufen und fragten, was es da für einen Lärm gäbe. Das Weib aber lag auf der Erde in Blut, als wäre sie tot, und regte sich nicht, so daß alle, die gekommen waren, tief erschraken.

Nur wohnte gegenüber dem Bäcker ein Kaufmann. Der war ein arger Bösewicht und Leuteschröpfer. Vielleicht wollte Gott ihn deshalb strafen und schickte ihn dahin. Er kam also auch angelaufen und fragte: »Ei, lieber Herr Nachbar, was habt ihr getan, daß Ihr das Weib erschlugt?«

»Warum hat sie mir so böse Worte gegeben?« antwortete der Bäcker. »Es geht mir ohnedies elend genug; dazu soll ich mir noch ihre bösen Worte gefallen lassen? Aber ich kann sie ja auch wieder lebendig geigen. Ich habe das früher schon oft getan.« Und nun nahm er seine Geige von der Wand, setzte sich an den Tisch, ließ sich durch nichts beirren und fing an, ein Liedlein zu geigen.

Darüber verwunderten sich alle, die da herumstanden, sehr, daß er fröhlich sein konnte, während sein Weib tot war. Sie meinten, er hätte besser daran getan, zu fliehen. Als er eine Weile gegeigt hatte, begann die Frau ein wenig einen Fuß zu regen. Er ließ sich nicht anfechten, sondern geigte ruhig weiter. Zuletzt aber fing die Frau mit leiser und kranker Stimme an zu sprechen, gleichsam als ob sie vom Tod erwachte: »Ach, mein lieber Mann, wie kannst du mich so totschlagen und danach wieder lebendig geigen. Warum tust du mir soviel Schmerz an? Es wäre viel besser, du ließest mich tot bleiben, dann brauchte ich keine Marter mehr zu leiden.«

»Nein, so ist es nicht«, erwiderte der Bäcker, »warum gibst du mir so böse Worte und hältst dein Schimpfmaul nicht still?« Unter solchen Worten stand die Frau ganz schwach und kraftlos auf. Dabei halfen ihr die Nachbarn, legten sie auf das Sofa und gingen wieder heim.

Der Kaufmann aber blieb noch eine Weile und überlegte: »Was mag das doch für eine Geige sein, daß sie Tote lebendig zu machen vermag! Könnte ich die Geige bekommen, ich wollte sie teuer genug bezahlen. Denn ich habe eine recht schlimme Ehe mit meinem Weib. Sie will immer den Armen zuviel geben, und wenn ich Ware oder Korn verkaufe, nur einen kleinen Gewinn nehmen. Ich fürchte, ich werde sie im Zorn auch einmal erschlagen. Hätte ich dann die Geige, dann könnte ich sie wieder lebendig machen und meinen Handel und Wucher ohne alle Widerrede treiben.« In solchen Gedanken fragte er den Bäcker: »Lieber Nachbar, lebt der Meister noch, der diese Geige gebaut hat?«

»Das weiß ich nicht«, sagte der Bäcker, »ich habe sie von Neapel mitgebracht.«

Da dachte der Kaufmann: »Das ist weit«, und sagte: »Lieber Nachbar, gebt mir die Geige zu kaufen! Ich will sie Euch teuer genug bezahlen.« Da erwiderte der Bäcker: »Nein, lieber Nachbar, das tu ich nicht; ich fürchte, ich müßte dann doch einmal fliehen. Sie hat mir oft aus der Not geholfen.«

»Lieber Nachbar«, sprach der Kaufmann, »ich will Euch dreihundert Gulden bar dafür geben. Für dieses Geld könnt Ihr Euch einen so großen Vorrat kaufen, daß Ihr und Euer Weib ein ruhiges Leben zu führen vermögt.«

Da fuhr die Bäckerin flugs dazwischen und bat: »Ach nein, lieber Mann, verkauf sie nicht! Du wirst dich sicher noch einmal an mir vergreifen. Dann bin ich tot, und du mußt entfliehen. Wer hilft dann den Kindern?«

Da bat der Kaufmann, dadurch erst recht angespornt: »Ei, meine liebe Nachbarin, gebt mir die Geige zu kaufen; ich will Euch einen schönen Pelz zum Kaufabschluß geben.«

Schließlich einigten sich die Männer, und der Bäcker gab dem Kaufmann um teures Geld die Geige. Der Kaufmann war sehr froh darüber, holte gleich das Geld und trug die Geige heim.

Nach etlichen Tagen wollte der Kaufmann einen Boden

voll Getreide verkaufen. Die Bäcker aber konnten den allzu hohen Betrag nicht zahlen. Da fuhr des Kaufmanns Weib dazwischen und wollte den Kauf billiger abschließen. Das paßte dem Kaufmann ganz und gar nicht. Er wartete, bis die Bäcker das Haus verlassen hatten, und dann fing er zu zanken an: »Wenn du das noch einmal tust, dann sag ich dir, bekommst du eine Tracht Prügel, und wenn ich dich zu Tode schlüge.« Insgeheim verließ er sich auf seine Geige. Da sprach die Frau: »Warum übervorteilst du die Leute so sehr! Du ziehst ihnen ja das Fell über die Ohren!« Da wurde er zornig, faßte sie an den Haaren und zog sie im ganzen Haus so herum, bis die Frau sehr zu schreien begann. Das brachte den Kaufmann noch mehr in Wut, und schließlich schlug er so sehr auf sie ein, daß sie blutüberströmt niedersank und starb.

Der Kaufmann nahm seine Geige und begann zu spielen. Er glaubte, sein Weib würde nun wieder lebendig werden. Als er das lange getrieben hatte, sah er, daß sie sich ganz und gar nicht regte. Da dachte er: »Was ist das bloß, willst du denn gar nicht aufstehen?« Aber je länger er geigte, desto weniger stand sie auf. Darüber wurde er zornig und schlug die Geige in Stücke, nahm die Trümmer, lief zum Bäcker und rief: »Was hast du mir für eine Geige gegeben? Ich hab' mein Weib erschlagen und kann sie nimmermehr lebendig machen. Daran bist du schuld!«

»Zum Donner«, sagte der Bäcker, »wenn sie dir keine guten Dienste leistet, so gib sie mir wieder! Ich will dir dein Geld dafür zurückgeben.« Wo aber sollte er die Geige hernehmen? Er hatte sie ja zerschlagen. Ging heim, nahm Zehrung an sich und lief davon. Er soll noch heute wiederkommen. Der Bäcker freilich brauchte noch oft recht nötig Geld – und konnte nicht wieder geigen. Wen die Arbeit nicht rettet, den rettet erst recht keine noch so wunderbare Geige.

[Märchen aus dem Rheinland]

Das Lied vom alten Hildebrand

Vor Zeiten waren die Leute in Pommern noch nicht so klug, wie sie jetzt sind; da war das ganze Land katholisch, und ein jeglicher lebte des Glaubens, nicht der liebe Gott, sondern der Pastor könne die Sünden vergeben. In diesen katholischen Zeiten nun kam eines Tages ein Bauer, Hans Hildebrand geheißen, zu dem Pastor und beichtete ihm seine Sünden. Der Pastor aber hielt es mit der Frau des Bauern, da sie ihm immer fette Bissen vorsetzte und auch stets einen guten Trank für ihn in der Kanne bereithielt. Darum sagte er zu dem Bauern: »Mein lieber Sohn, deiner Sünden Last ist schwer und sehr groß; willst du nicht die ewige Pein leiden, so mußt du nach Rom gehen und dir von dem Papst einen Ablaßbrief holen.«

Hans Hildebrand kraute sich traurig hinter den Ohren, denn der Weg nach Rom ist weit, und was sollte inzwischen aus Haus und Hof und aus seinem Weibe werden? Aber noch schlimmer deuchte ihm, immerdar in der Hölle brennen zu müssen. Er schnürte also sein Ränzel und machte sich, wenn auch schweren Herzens, auf die Wanderschaft nach Rom.

Er mochte eine Stunde, drei oder vier gegangen sein, als ihm ein steinaltes Männchen begegnete, mit einem großen, allmächtigen Kaliet (Eßkober) auf dem Nacken; das war aber niemand anderes als der liebe Gott, der in den katholischen Zeiten noch auf der Welt herumwanderte, um den armen Leuten zu helfen. »Wohin so eilig?« rief er dem Bauern zu. »Nach Rom, um einen Ablaßbrief zu holen«, entgegnete Hans Hildebrand. »Was willst du damit?«

fragte das Männchen weiter. »Der soll mich von meinen Sünden befreien«, erhielt er zur Antwort.
Da lachte das Graumännchen, das der liebe Gott selber war: »Deine Sünden will ich dir vergeben, wenn sie dir leid sind, nach Rom brauchst du darum nicht zu pilgern; aber wenn du sehen willst, wie es der Pastor inzwischen mit deiner Frau treibt, so kehr wieder um und geh mit mir.«
Hans Hildebrand dachte: »Der alte Mann hat recht gesprochen«, dankte ihm für den guten Rat und versprach, ihm zu folgen. Sogleich steckte ihn das Graumännchen in seinen allmächtigen Kaliet hinein und schritt mit ihm dem Dorfe zu. Bei dem Hof des Bauern machte es halt und fragte die Bäuerin, ob es nicht für die Nacht ein Unterkommen finden könnte. Das schlug ihm die Frau nicht ab, denn ihr war heute große Freude beschert, der Herr Pastor saß in der guten Stube und ließ sich die leckeren Bissen und das starke Bier gut schmecken; deshalb wollte sie auch dem armen Bettler eine Freude gönnen.
Als nun das Graumännchen auf der Ofenbank Platz genommen, war der Pastor just in der fröhlichsten Stimmung, ergriff den Krug, trank daraus und sang dazu mit seiner tiefen Stimme:

»Ich hab einen Boten ausgesandt nach Ro-o-om,
Einen Ablaßbrief zu ho-o-oln.«

Darüber wollte die Frau schier vergehen vor Lachen, trank auch einen guten Schluck und fiel dann mit ihrer feinen Stimme ein:

»Ich hab ihm mitgegeben zwei Spi-ick-gäns
Und ein kleines Brö-ö-de-lein.«

»Alterchen, jetzt muß er auch singen«, rief der Pastor, »wenn alle Welt lustig ist, darf er allein nicht sauer sehen.«
Und das Graumännchen ergriff den Krug, trank und sang mit lautem, vollem Ton:

»Hans Hildebrand,
Sitzt in der Kiep, hängt an der Wand.«

Da ließ es dem Bauer in dem Kaliet keine Ruhe mehr, er hub auch an und sang:

»Jetzt kann ich nicht mehr länger sti-i-lle sitzen,
Muß raußer stei-ei-ei-gen.«

Damit stieß er den Deckel des Kaliet auf und sprang mitten in die Stube hinein, ergriff seinen guten Krückstock und schlug auf Frau und Pastor los, daß sie schreiend aus dem Hause liefen. Und niemals wieder ist es ihm in den Sinn gekommen, nach Rom zu wandern und dort vom Papst einen Ablaßbrief zu holen.

[Märchen aus Pommern]

Der musikalische Pope

◎◎◎◎◎◎

Es war einmal ein Pope, der spielte schön auf der Geige. Nun wollte das ein junger Bursche erlernen. Er geht zu dem Popen und sagt: »Väterchen, bring mir das Spielen bei! Wieviel willst du dafür haben?«

»Dafür, daß ich dir das Spielen beibringe, hundert Rubel!«

»Schön, Väterchen, ich will dir hundert Rubel bezahlen, nur mußt du mich zu jeder Tages- und Nachtzeit unterrichten.«

Der Pope fängt an, ihn zu unterrichten. Einmal ist ein hoher Feiertag. Zu dem jungen Burschen kamen Gäste. Der Bursche sagt: »Wollt ihr, daß der Pope am Altar zu spielen anfängt?«

Die Gäste sagen: »Ja!«

Der junge Bursche rannte los. Der Pope hält in der Kirche Gottesdienst. Er nimmt die Geige unter den Rockschoß und drängt sich zum Popen an den Altar durch. »Höre, Väterchen, ich habe die Melodie vergessen!«

»Ich habe doch gerade Gottesdienst. Höre doch, mein Sohn!«

»Nun, dann gib mir nur meine hundert Rubel zurück!«

Der Pope war aber habgierig, und er sagt: »Warte, warte, gib her!«

Der Diakon kam mit dem Weihrauchfäßchen heraus vor die Leute und wartet, daß der Pope den Segen erteilen soll. Der Pope am Altar aber fragt: »Welche Melodie hast du vergessen?«

»Vom Tanz ›Komarinskaja‹!«

Da singt er den Komarinskaja-Tanz zum Gebet: »Ei, ei, ei, und fertig ist's Gebet schon, eins, zwei, drei!«
Und der Diakon hört's und tanzt dazu: »Das Weihrauchfäßchen raucht schon, eins, zwei, drei!«
Der Pope am Altar: »Ei, ei, ei, und fertig ist's Gebet schon, eins, zwei, drei!«, und der Diakon: »Das Weihrauchfäßchen raucht schon, eins, zwei, drei!«
Der Bursche lachte aus vollem Halse und rannte davon.
Da wurden Pope und Diakon aus dem geistlichen Stand ausgestoßen.

[Märchen aus Rußland]

Die zwei buckligen Musikanten

◎◎◎◎◎◎

In einem Dorf waren zwei Musikanten, die recht lustig aufspielen konnten; nur von der Natur waren sie etwas stiefmütterlich bedacht, denn jeder hatte einen krummen Buckel. Einer wußte sich durch sein freundliches Benehmen bei den Leuten beliebt zu machen, und auch die Krämerstochter sah ihn nicht ungern, wenn er nur den krummen Buckel nicht hätte. Der Krämer selber war ihm gewogen; aber von einem buckligen Schwiegersohn wollte er durchaus nichts wissen.

Als der gute Musikus einstmals spät in der Nacht von einer Hochzeit über einen Berg nach Hause ging, kam er auf eine Wiese. Der Mond leuchtete hell; da sah er unter einer Linde eine Menge kleiner Männchen, die um den Baum herum tanzten, sie machten die sonderbarsten Sprünge und fingen zuletzt noch zu singen an. Aber diese kleinen Leute hatten feine dünne Stimmen, es fehlte der Baß. Obschon der Musikus etwas furchtsam war, trat er doch etwas näher hinzu und ließ seine Stimme kräftig erschallen, denn singen konnte er wie eine Grasmücke. Das schien den Männchen zu gefallen, und sie sangen mit noch größerem Eifer, ohne sich jedoch um den im Gebüsche verborgenen Bassisten zu kümmern.

Aber als sie mit ihrem Gesang zu Ende waren, gingen sie auf ihn zu, schlossen um ihn einen Kreis, tanzten um ihn wie toll herum und fragten, was er für seinen geleisteten Dienst begehre. »Mein Gott!« rief der kaum zu Atem kommende Musikus, »nichts als – von meinem Buckel möcht' ich los werden.«

»Das kann gleich geschehen«, riefen die Männchen, und zwei davon sprangen ihm auf den Rücken, hoben den Höcker herab und warfen ihn ins Gebüsch; so war er schlank wie eine Tanne; er bedankte sich und eilte nach Hause.

Als ihn der Krämer am nächsten Morgen sah, schlug er die Hände vor Verwunderung zusammen, und sein Töchterlein blinzelte verstohlen durch die Fensterläden und wußte nicht, ob es seinen Augen trauen sollte.

Am Platze des Dorfes begegnete ihm sein Kamerad, er hatte die Baßgeige auf dem Rücken und ging eben zu einer Musik über Land.

»Wie schaust du denn aus«, rief dieser, und die Baßgeige wäre ihm bald von seinem eigenen Buckel gefallen, »wie hast du's denn angefangen, daß du auf einmal so schlank bist?«

Und der Musikus erzählte ihm von der Bergwiese und von den Männlein und wie er mitgesungen und wie sie ihm aus Dankbarkeit den Buckel abgenommen.

Da war sein Entschluß schnell gefaßt; gleich an demselben Abend, als er von der Musik heimging, schlug er den Weg über die Bergwiese ein. Es war eine mondhelle Nacht, und die Männchen tanzten wieder um die Linde und sangen mit ihren feinen dünnen Stimmchen; da fiel der Musikant mit seiner tiefen Stimme ein. Schnell sprangen die Männchen auf ihn zu, umringten ihn und fragten, was sein Begehr sei. »Ach mein Buckel«, aber sie ließen ihn nicht ausreden, kicherten, was sie aus dem Halse brachten, und tanzten wie besessen um ihn herum. Zwei davon huschten ins Gebüsch und brachten den Buckel seines Kameraden und hefteten ihn auf seinen Rücken, so mußte er statt mit einem mit zwei Höckern nach Hause wandern, und das Gekicher der Männchen hallte ihm noch aus der Ferne nach.

Und wie lachten die Leute, als sie ihn mit seinen Buckeln

durchs Dorf gehen sahen. Sein Kamerad aber hing die Geige auf den Nagel und heiratete die Tochter des Krämers und war ein gemachter Mann.

[Märchen aus Kärnten]

Die singende Besenbinderstochter

Es war einmal ein armer Besenbinder im Lande Portugal, der hatte eine einzige Tochter, die wunderschön singen und die Harfe spielen konnte. Seine Hütte lag dicht bei dem Palast des Fürsten, und dieser hörte oftmals den schönen Gesang, wenn er vor der Tür seines Schlosses saß. Zuletzt setzte er sich jeden Abend vor die Tür; nach einiger Zeit bat er den Besenbinder, alle Abende in sein Haus kommen und dem Gesange lauschen zu dürfen, und endlich nahm er, obwohl seine Verwandten es ungern sahen, den Vater und die Tochter in seinen Palast. Als nun des Fürsten Geburtstag gefeiert wurde und viele Sänger und Spieler ihre Kunst zum besten gaben, sang und spielte doch die Besenbinderstochter am schönsten von allen. Da erklärte der Fürst, der sie schon lange liebte, vor allen, er werde sie zu seiner Frau nehmen. Und so tat er auch.

Bald darauf brach ein Krieg mit den Türken aus, und der Fürst wurde schon nach der ersten Schlacht gefangengenommen. Als das seine Gemahlin hörte, legte sie Pilgerkleider an, nahm ihre Harfe und fuhr auf einem Schiff nach Konstantinopel. Sie sang in den Höfen ihre Lieder für ein Almosen. Da feierte der Sultan ein großes Fest, bei dem alle Sänger und Sängerinnen des Landes erscheinen mußten. Da sang der arme Pilger am schönsten von allen, so daß der Sultan ihm gestattete, einen Wunsch auszusprechen. Der Pilger verlangte die Freiheit des Fürsten, und der Sultan mußte sie gewähren. So kehrte der Fürst nach Portugal zurück, den Pilger aber behielt der Sultan bei sich.

Als der Fürst heimkehrte, wurde seine Gemahlin von seinen Verwandten schändlich verleumdet. Sie aber lebte bei dem Sultan traurige Jahre; alle Tage ging sie ans Ufer, um zu sehen, ob nicht ein Schiff aus der Heimat komme. Endlich kam eines, und es gelang ihr, heimlich zu entfliehen. In Portugal aber wurde sie ins Gefängnis geworfen und durfte nur ihre Harfe mit hineinnehmen. Oftmals hörte der Fürst ihre Lieder, aber er glaubte den Verleumdern und blieb ungerührt. Da hörte er sie einst ein Lied singen von dem Pilger, dem er seine Befreiung verdankte. Er ließ sie fragen, was sie davon wisse, und nun erzählte sie ihm, daß sie der Pilger gewesen war. Sie wurde nun aus dem Gefängnis befreit und wieder des Fürsten liebe Gemahlin, ihre Verleumder aber erfuhren die gerechte Strafe.

[Märchen aus Mecklenburg]

Die ewige Geige

Es is amal a Handwerksbursch gwest, der recht arm war und auf seiner Reis' nur a Stückl kaltes Fleisch und a Stuck Brot hatte. Da kommt er in einen großen Wald, und weil er schon a Weil gangen is, so haben ihm die Füße weh getan; da setzt er sich nieder zu einem Bam auf die Erde und ißt sein Fleisch und Brot, als er auf einmal jemand von weitem gehen sieht. Es war unser Herrgott, wie er eben gereist is, aber er hat ihn nöt kennt. Der geht aber zu ihm hin und bittet ihn um ein wenig Brot und Fleisch. »Ja, mein lieber Mann«, sagt der Handwerksbursch, »setz dich zu mir und iß mit mir, ich hab selbst nit viel, aber was wir haben, das essen wir zusammen.«
Wie unser Herrgott gessen hat ghabt, so steht er auf und hat sich bedankt, sagt aber: »Weißt du nit, mit wem du jetzt gessen hast?«
So sagt der: »I waß nur, daß du a armer Mann bist.«
Der andere sagt aber: »Ich bin Christus, der Herr, und bin auf der Reis'.« Der Bursch derschreckt darüber, und Christus sagt: »Wünsch dir, was du willst, aber nur nichts, was zu dein Unglück is.«
»Ich tät halt recht schön bitten und tät mir wünschen a Geigen, daß alle Leut tanzen müssen, wann ich geigen tua.« Da sagt unser Herrgott: »Weißt nix anders, so sag mir was.« Der meint aber, es wird sein Unglück nicht sein. »No«, sagt unser Herrgott, »da hat er die Geigen«, und is drauf verschwunden vor seinen Augen. Er erschreckt drüber und nimmt seine Geigen mit fort.
Drauf kommt er in ein Wirtshaus, da sind viele Leute

darin. Dort setzt er sich in einen Winkel und fangt auf einmal zum geigen an und die Leut in der besten Unterhaltung müssen auf einmal zum tanzen anfangen, der Wirt samt die Gäst und die Kinder, und solang tanzen, bis er aufhört zum geigen. Wie er aufhört, so sagen sie ihm gleich, was das für a Geigen is, und er sagt: »Das is mei Geigen, und sie heißt die ewige Geigen.« So haben sie ihm Geld geschenkt, und er is durch das Geigen so reich geworden, daß er ein mächtiger Mann wurde.

Wie er aber in die Stadt kommt, so war just Markttag, und er stellt sich auf den Platz und fangt an zu geigen, aber so geschwind, daß alle Leute, alle Marktleut, die Kramer und kurz alles auf dem ganzen Platz zu tanzen anfangt, so daß einige vor Schwindel niedergefallen sind und viele gar an den Tod haben büßen müssen. Das hat so lange gedauert, bis man ihn hat eingezogen und vor Gericht geführt. So hat man ihn gefragt, wie er das kann. Da hat er's nicht gesagt, und man hat ihm halt den Tod angekündigt, weil die Leute glaubt haben, es is Hexerei, das kann nicht anders sein.

Er hat es aber nicht gesagt, so is er zum Tod durch den Strang verurteilt worden, und sind drei Täge ausgesetzt und er ausgesühnt worden. Dann sind der Bürgermeister und noch a paar große Gerichtsherren in die Wägen hin auf den Richtplatz gefahren, um ihn zu sehen, und tausend Menschen waren schon da. Wie man ihn aber bindet, so hat er so inständig gebeten die Leut und das Gericht und sagte: »Ich will sterben und muß sterben und kann nicht mehr entgehen, nur bitte ich um meine Geige noch, daß ich vor meinem Ende noch ein bißl geigen kann.«

Vor lauter Bitten erlaubt man ihm, daß er geigen darf. Und wie er anfing, so mußten die Leute auf dem Platz anfangen zum tanzen, die Henkersknecht, der Geistliche, der Bürgermeister und die andern in die Wägen samt dem Kutscher. So is ihnen der Wagen gar zu klein geworden inwendig, und er hat so lange fortgegeigt, bis er entwischen hat können und so sein Leben frei erhielt durch seine Geigen. Dafür heißt sie auch die ewige Geigen.

[Märchen aus Österreich]

Wie der Teufel das Geigenspiel lernte

Ein Soldat, der nach zurückgelegter Dienstzeit von seinem Regiment entlassen war, kehrte auf seiner Heimreise spät abends ganz ermüdet in einem Wirtshaus ein und bat um Herberge. Der Wirt entgegnete, daß er ihm diese Bitte auch bei dem besten Willen nicht gewähren könne, weil alle Zimmer dergestalt besetzt seien, daß er auch nicht eine einzige Person mehr unterzubringen imstande sei. Der Soldat überzeugte sich alsbald davon, daß der Wirt die Wahrheit gesprochen habe, sagte aber auch: »Weiter kann ich nun einmal heute nicht; ist denn gar nichts mehr zu machen, Herr Wirt?«

»Ja«, sagte der Wirt, »wenn du den Mut hast, da unten in dem schönen Schlosse zu schlafen. Essen und Trinken kannst du bei mir so viel bekommen wie du willst, aber ich muß dir nur sagen, daß mehr als einer hinuntergegangen, jedoch keiner wiedergekommen ist. Dies Schloß mit einem herrlichen Rittergut gehörte einem meiner Verwandten, der es aus Bosheit dem Teufel verschrieben hat; dieser treibt nun da unten, hauptsächlich des Nachts zwischen elf und zwölf Uhr, sein Wesen, und weder ich noch andere, die es versucht haben, können sich dort aufhalten. Hast du aber Mut dazubleiben und gelingt es dir, den Bösewicht zu vertreiben, so sollst du die Wahl unter meinen drei Töchtern haben und das Schloß und Rittergut dazu.«

»Will's versuchen«, sagte der Soldat, aß und trank sich erst satt, nahm dann zwei gut geladene Pistolen, schnallte sich einen großen Säbel um und wanderte mit zwei Wachskerzen hinab ins Schloß. Hier suchte er sich das beste Zimmer aus, in dem ein prächtiges Bett, Sofa, Tische und Stühle von feinstem Holze und blank poliert standen, und da ließ er sich nieder. Darauf sah er sich auch noch anderweitig im Schloß um und fand auch eine vollständig eingerichtete Schreinerwerkstatt mit einer Hobelbank und allem dazugehörigen Gerät; auch waren viele Schlosserwerkzeuge darin, wie Feilen, Schraubstöcke und anderes der Art.

Als er sich darauf im Schloß umgesehen hatte, kehrte er wieder auf sein Zimmer zurück, und da ihm die Zeit lang wurde, nahm er eine Geige, die neben der Wanduhr hing, herunter und fing darauf an zu spielen, nachdem er den blanken Säbel und die geladenen Pistolen auf den Tisch neben die Wachskerzen gelegt hatte. Kaum aber hatte die Glocke elf geschlagen, als über ihm auf dem Boden ein solches Getöse entstand, daß das ganze Schloß erbebte; er horchte einen Augenblick auf, ließ sich aber nicht weiter stören und spielte wacker seine Violine. Das Getöse aber kam immer näher und näher, und mit einem Male wurde die Tür sperrangelweit aufgerissen und der Teufel mit Pferdefuß und Bockshörnern stand vor ihm und schnaubte ihn an, was er hier mache.

»Ich logiere hier«, sagte lachend der Soldat, »das siehst du ja wohl!«

»Aber das ist hier mein Eigentum«, schnaubte der Böse weiter, »und ich werde dir den Hals brechen.«

»Nun, nun, so rasch ist das auch nicht getan«, sagte der Soldat, »und wenn es dein Eigentum ist, so ist's mir auch gleichgültig; mein Schlafgeld bezahle ich dem Wirt, der hat mich hier angewiesen, und willst du's dir von dem holen, so ist dir das unbenommen.«

Diese Unerschrockenheit gefiel dem Teufel so sehr, daß sich sein Zorn nicht nur ganz legte, sondern daß er den Soldaten sogar bat, er möge doch noch einige seiner lustigen Stücke spielen, die er vorher schon gehört.

»Das kann geschehen«, sagte der Soldat; »hast du aber solch Vergnügen am Spiel, so gib genau acht, wie ich's mache, dann lernst du's auch und kannst dir nachher selber was vorspielen.« Nachdem er ihm darauf eines seiner besten Stücke vorgespielt, gab er ihm die Geige in die Hand und sagte: »Nun mach's nach!«

Der Teufel nahm die Geige, war aber so ungeschickt, daß er bei jedem Griff eine Saite zerdrückte; da rief der Soldat: »Halt, so grausam darfst du nicht drücken, da lernst du's im Leben nicht.«

Der Teufel aber sagte: »Ich drücke ja gar nicht, sieh doch nur hier; ich fühle ja kaum etwas unter den Fingern.«

»Das ist's eben«, sagte der Soldat, »du hast Schwielen unter deinen Krallen, so dick wie ein Brett. Doch weil ich sehe, daß du wirklich Lust hast, das Geigenspiel zu lernen, so will ich mir die Mühe nicht verdrießen lassen und dich tüchtig dazu vorbereiten. Komm mit in die Schreinerei, da sind Raspeln und Feilen, mit denen ich dir die Schwielen etwas von den Fingern nehmen kann, dann fühlst du die Saiten und sollst noch ein tüchtiger Spielmann werden.«

Darüber war der Teufel ungemein erfreut, und sogleich gingen sie in die Schreinerei, wo der Soldat eine kleine Feile nahm und an den Schwielen etwas zu feilen begann, dann aber zum Teufel sagte: »So geht's nicht recht, so haben die Finger keinen rechten Halt, und wenn ich mit der Feile darauf drücke, geben sie immer nach; du mußt sie hier in den Schraubstock stecken; zunächst die beiden Zeigefinger, auf die kommt es beim Spiel am meisten an.«

Auch das tat der Teufel gern, und der Soldat schraubte nun zu, und sobald er merkte, daß sie fest saßen, da drehte er aus Leibeskräften, daß der Teufel laut aufbrüllte vor Schmerz und rief: »Schraub los, schraub los, ich habe mich anders besonnen, das Geigenspiel ist mir leid, will's gar nicht lernen.« Aber je mehr er schrie, je fester schraubte der Soldat zu und sagte endlich: »Du Bösewicht! Nie und nimmer sollst du hier wieder loskommen; dies Schloß mit allem Zubehör besitzest du mit Unrecht, und ehe du es nicht gutwillig wiedergibst, lasse ich dich nicht frei!«

Da schrie und heulte der Teufel ganz jämmerlich, versprach Besserung, schenkte dem Soldaten das Schloß samt Zubehör und versprach sich auch in Zukunft so wenig als möglich auf der Erde sehen zu lassen und auch nur dann, wenn er gerufen werde. Da erbarmte sich der Soldat endlich seiner und schraubte los; fort war er und hat sich im Schloß nie wieder sehen lassen; der Soldat aber heiratete des Wirts jüngste Tochter, und sie lebten noch lange vergnügt in dem Schloß.

[Märchen aus Westfalen]

Der Mönch und das Vögelein

◎◎◎◎◎◎

Es war in einem Kloster ein junger Mönch namens Urbanus, fromm und fleißig, dem war der Schlüssel zur Bücherei des Klosters anvertraut, und er hütete sorgsam diesen Schatz, schrieb selbst manches schöne Buch und studierte viel in den andern Büchern und in der Heiligen Schrift. Da fand er auch einen Spruch des Apostels Petrus, der lautet: »Vor Gott sind tausend Jahre wie ein Tag und wie eine Nachtwache.« Das dünkte dem jungen Mönch schier unmöglich, er mochte und konnte es nicht glauben und quälte sich deshalb mit schweren Zweifeln.

Da geschah es eines Morgens, daß der Mönch heruntergging aus dem dumpfen Bücherzimmer in den hellen schönen Klostergarten, da saß ein kleines buntes Waldvögelein im Garten, das suchte Körnlein, flog auf einen Ast und sang schön wie eine Nachtigall. Es war auch dieses Vögelein gar nicht scheu, sondern ließ den Mönch nahe an sich herankommen, und er hätte es gern erhascht, doch entfloh es, von einem Ast zum andern, und der Mönch folgte ihm eine gute Weile nach, dann sang es wieder mit lauter und heller Stimme, aber es ließ sich nicht fangen, obschon der junge Mönch das Vögelein aus dem Klostergarten heraus in den Wald noch eine gute Weile verfolgte.

Schließlich ließ er ab und kehrte zurück in das Kloster, aber es kam ihm alles ganz anders vor, was er sah. Alles war weiter, größer und schöner geworden, die Gebäude, der Garten, und statt des niedrigen alten Klosterkirchleins stand jetzt ein stolzes Münster da, mit drei Türmen. Das schien dem Mönch sehr seltsam, ja zauberhaft. Und als er an das Klostertor kam und mit Zagen die Schelle zog, da trat ihm ein gänzlich unbekannter Pförtner entgegen, der wich bestürzt zurück vor ihm. Nun wandelte der Mönch über den Klosterkirchhof, auf dem waren so viele, viele Gedenksteine, die er gesehen zu haben sich nicht erinnern konnte. Und als er nun zu den Brüdern trat, wichen sie alle vor ihm aus, ganz entsetzt. Nur der Abt, aber nicht sein Abt, sondern ein andrer, junger, hielt ihm stand, streckte ihm aber auch gleich ein Kruzifix entgegen und rief: »Im Namen des Gekreuzigten, Gespenst, wer bist du? Und was suchst du, der den Höhlen der Toten entflohen, bei uns, den Lebenden?«

Da schauerte der Mönch zusammen und wankte, wie ein Greis wankt, und senkte den Blick zur Erden. Siehe, da hatte er einen langen, silberweißen Bart bis über den Gürtel herab, an dem noch der Schlüsselbund hing zu den vergitterten Bücherschreinen. Den Mönchen erschien der Mann wie ein wunderbarer Fremdling, und sie leiteten ihn mit scheuer Ehrfurcht zum Sessel des Abtes. Dort gab er einem jungen Mönch die Schlüssel zu dem Büchersaal, der schloß auf und brachte ein Chronikbuch getragen, darin stand zu lesen, daß vor dreihundert Jahren der Mönch Urban spurlos verschwunden, niemand wisse, ob entflohen oder verunglückt. »O Waldvögelein, war das dein Lied?« fragte der Fremdling mit einem Seufzer. »Kaum drei Minuten lang folgte ich dir und horchte deinem Gesang, und drei Jahrhunderte vergingen seitdem! Du hast mir das Lied von der Ewigkeit gesungen, die ich nicht fassen konnte! Nun fasse ich sie und bete Gott an im Staube, selbst ein Staub!« Sprach's und neigte sein Haupt, und sein Leib zerfiel in ein Häuflein Asche.

[Märchen aus Deutschland]

Die wunderbare Musik im Jenseits

◎◎◎◎◎◎

Ein Mesner, der von Beruf Schneider war, ging jeden Morgen, wie es seine Pflicht gebot, Grußläuten und sah jedesmal, bevor er den Kirchturm betrat, am Weg ein Totenbein liegen. Er stieß es immer mit dem Fuß zur Seite, betrat dann den Turm und läutete den Morgengruß. Das wiederholte sich jeden Tag, wenn er in der Frühe zur Stelle kam; immer wieder schob er das Bein zur Seite. Schließlich aber, da ihm die Geschichte nicht mehr geheuer vorkam, sagte er zum Bein: »Du bist so ganz bloß, wenn du willst, so fertige ich dir ein Kleid an!«

»Gut«, sagte das Bein, »mach mir das Kleid! Aber du mußt in drei Stunden damit fertig sein.« Damit war der Mesner zufrieden und folgte sogleich dem Bein, das ihn jetzt unter die Erde geleitete. Dort fand der Schneider zu seiner großen Verwunderung eine vollkommen eingerichtete Wohnung. Das Bein wies ihm eine ordentliche Stube an und brachte Stoff sowie Zubehör, das für einen ganzen Anzug reichte. »Aber du mußt in drei Stunden damit zu Ende kommen«, schärfte es ihm nochmals ein, und der Schneider beteuerte, daß er seine Zusage halten werde.

Da nahm er gleich das Tuch und begann zu arbeiten. Plötzlich hörte er in der Ferne eine wunderliebliche Musik spielen. Er riß Augen und Ohren auf und vergaß darüber seine Arbeit. Nach einer Stunde, wie ihn dünkte, kam das Bein wieder in die Stube und fragte: »Bist du schon fertig?«

Betreten erwiderte der Schneider: »Nein, ich habe alles

hergerichtet. Es ist ja erst eine Stunde vergangen.« Dann ging das Bein.
Alsbald ertönte dieselbe Wundermusik, und der Schneider lauschte traumverloren, bis das Bein zum zweitenmal eintrat und nach dem Stand der Arbeit fragte. Der Schneider antwortete: »Ich habe das Tuch bereits zugeschnitten, sind doch erst zwei Stunden vorüber!« Dann ging es ihm wieder so. Er horchte so lange auf das in der Ferne klingende Spiel, bis das Bein zum drittenmal erschien und ihn mahnte. Jetzt aber war der Anzug fertig, und er tat sich nicht wenig darauf zugute. Glaubte er doch, nur drei Stunden gearbeitet zu haben. Das Bein legte das Gewand an und hatte jetzt das Aussehen eines lebendigen Menschen.
Der erklärte nun dem erstaunten Schneider, daß er nicht drei Stunden, sondern dreihundert Jahre unter der Erde zugebracht habe. Ob er wieder in die Heimat zurückkehren wolle? »Ja, freilich«, meinte der Schneider und ließ sich von dem Mann geleiten. Dieser schritt als Führer voran und brachte ihn auf die lichte Erde zurück.
Zuerst gelangten sie in einen Wald, wo lauter dürre Fichtenbäume standen. Auf den kahlen Ästen saßen unzählige schwarze Krähen. Verwundert fragte der Schneider, was diese Vögel zu bedeuten hätten. Sein Begleiter antwortete: »Das sind die Seelen derer, die im Leben nichts geglaubt haben und jetzt dafür büßen!« Dann setzten sie ihre Wanderung fort und kamen auf eine Wiese, auf der eben zwei Böcke mit den Schädeln gegeneinander stießen. Auf seine Frage erhielt er zur Antwort: »Das sind zwei Geizhälse, die im Leben nie genug bekommen konnten und noch jetzt nach ihrem Tod sich um den Besitz irdischen Gutes raufen.« Dann fragte ihn der Begleiter: »Willst du, daß ich dich in deine Heimat bringe?«
»Das möchte ich wohl«, versetzte der Schneider und ließ sich willig führen.

Und wirklich erblickte er bald den Kirchturm, von wo sie ausgegangen waren. Aber keinen von den vielen Kirchgängern kannte er. Und der Fremde sprach: »Du wirst sehen, daß du dreihundert Jahre fortgewesen bist. Aus Berichten in den alten Büchern wird man dich erst erkennen. Aber bald wirst du wieder bei mir sein.« So geschah es auch. Als sie in die Kirche eintraten, bemerkte der Schneider entsetzt, daß er einen langen, weißen Bart trug. Und wie der Pfarrer aufgrund der Kirchenbücher feststellte, daß er dreihundert Jahre verschollen gewesen, sank der Schneider tot zu Boden.

[Märchen aus Kärnten]

Nachwort

Es gibt wohl kein Volk, das nicht in irgendeiner Weise Musik ausüben würde. Die wichtige Rolle der Musik und ihre Allgegenwart in vorgeschichtlichen Zeiten wird durch die vielen Erzählungen betont, die ihren göttlichen Ursprung belegen wollen. Unbestritten ist auch die Verbindung des Kultischen mit der Musik und ihr ritueller Gebrauch in den Anfängen der Historie. Schon in der Antike ist die Sphärenharmonie eine geläufige Vorstellung, die im Christentum ihre Entsprechung in der »Musik der Engel« findet. Die Musik ist eine göttliche Kunst, und ihre Ausübung gehört zu den Kulturtechniken, die den Menschen von den Göttern verliehen wurden.

Viele Märchen erzählen von dieser übernatürlichen Herkunft der Musik und ihrer damit verbundenen magischen Kraft, die Zauber zu lösen und böse Mächte zu bannen vermag. Häufig sind es auch die Musikinstrumente selbst, denen man eine magische Wirkung nachsagte, indem man sie in Beziehung zur Natur und zum Kosmos setzte. Bereits die Antike kannte die Wirkung der Musik auf den Gemütszustand des Menschen, eine Erkenntnis, die in unserer Zeit psychologisch weiterentwickelt wurde und werbewirksam angewandt wird. Im Märchen vermag die Musik die bösen Mächte zu bannen und die helfenden herbeizurufen. So verwendete man die Musik zur Beruhigung und Heilung von Gemütskranken, da man glaubte, daß sie die Dämonen vertreibe und bei den Kranken das seelische Gleichgewicht wiederherstelle. Auch Tiere werden durch die Musik gezähmt, wie es schon der antike Mythos von

Orpheus erzählt; und in orientalischen Märchen werden Schlangen durch die wohltätige Wirkung der Musik beschworen.

Der Macht der Musik kann niemand widerstehen, wie das Märchen von dem Jungen zeigt, der als Lohn für seine Barmherzigkeit eine Geige (in anderen Versionen eine Flöte) erhält, die jeden, der sie hört, zum Tanzen zwingt. Das rettet ihn (in dem Märchen »Die ewige Geige«) schließlich vor dem Galgen, denn als letzte Bitte wird ihm auf seiner Geige zu spielen gewährt, und er spielt so lange, bis alle, einschließlich des Henkers, vom Tanzen erschöpft sind und er entkommen kann. Die Macht der Musik bewegt selbst Mauern und bringt sie zum Einsturz, wie uns die Bibel von den Trompeten vor Jericho berichtet.

Sicher gehört die Flöte als urtümliches Blasinstrument zu den ältesten Musikinstrumenten des Menschen. Vielleicht, daß er hörte, wie der Wind, wenn er über das Rohr an den Seen strich, Töne hervorbrachte, oder daß er, wie es Kinder tun, auf einem Stück Schilfrohr oder dem Röhrenknochen eines Tieres oder Menschen blies und dabei mit der Zeit bemerkte, wie er den Ton modulieren konnte. Schon in der griechischen Antike wird die aus dem hohlen Schilfrohr geschnittene Panflöte oder Syrinx erwähnt. Diese Hirtenflöte wurde dem Marsyas, einem Silen (Satyr), zum Unheil, weil er sie schöner blies als Apollo die Zither spielte. Der Gott war darüber so erzürnt, daß er den Marsyas tötete und ihm die Haut abzog. Blasinstrumente, besonders Flöten, gab es bereits im Altertum in einer Fülle von Formen. Bei den Römern kannte man die Knochenflöte, Tibia genannt, was wörtlich übersetzt »Schienbein« heißt. Die Flöte oder Pfeife gehört denn auch zu den am häufigsten in den Märchen erwähnten Musikinstrumenten.

Einer der wichtigsten Märchentypen, in dem einem Musikinstrument eine zentrale Rolle zukommt und der zugleich zeigt, wie das Instrument in den verschiedenen ethnokulturellen Versionen ausgetauscht werden kann, ist das Märchen vom »Singenden Knochen«. In dem Märchen wird ein Brudermord durch eine Pfeife enthüllt, die aus dem Gebein des erschlagenen Bruders besteht; als der Mörder auf ihr bläst, verrät sie im Gesang die furchtbare Tat. In unserer Sammlung ist dieses Märchen gleich zweimal in unterschiedlichen, aber sehr reizvollen Versionen vertreten. In der ersten Version des Märchens, die hier unter dem Titel »Das klagende Lied« erscheint, verrät eine Flöte aus dem Knochen der erschlagenen Schwester die Tat.

Die zweite, aus Sizilien stammende Version (»Vom singenden Dudelsack«), mag uns heute etwas makaber erscheinen, wenn ein Schäfer sich aus der Haut und den Knochen des Erschlagenen einen Dudelsack macht. Aber auch hier verrät das Lied, das aus dem Dudelsack dringt, den Mörder und führt ihn seiner Strafe zu. In dieser Version wird auch noch ein Stück Volksglauben sichtbar, wenn es heißt: »Weil aber der Jüngling vor der Zeit eines gewaltsamen Todes gestorben war, so war sein Geist noch nicht zu seiner Ruhe eingegangen, sondern weilte in dem toten Körper.« Auch in unseren Märchen und Sagen ist der Volksglaube belegt, daß diejenigen, die eines gewaltsamen Todes und damit vorzeitig gestorben sind, umgehen müssen, bis ihre Zeit erfüllt ist.

Viele Märchen enthalten Singverse, die, an den dramatischen Wendepunkten der Erzählung stehend, noch etwas von der magischen Macht des Gesangs ahnen lassen; es sind dies Verse, die meist älter sind als das betreffende Märchen und die sich konstant erhalten haben. Sie erinnern uns daran, daß in der Frühzeit magische Sprüche und Zauberverse gesungen wurden. Auch in dem hier angeführten Märchen vom »Singenden Dudelsack« ist noch etwas von dieser ursprünglichen Magie zu spüren.

Sehr viel jünger als die Flöte ist die Geige, die ebenfalls ihre Vorläufer in prähistorischen und mittelalterlichen Streichinstrumenten, etwa dem »Trumscheit«, hat und den Höhepunkt ihrer künstlerischen Entwicklung in der Renaissance erlebte. Ihre häufige Erwähnung im Märchen ist wohl darauf zurückzuführen, daß die Geige oder Fiedel im 19. Jahrhundert, in dem die meisten unserer Märchen aufgezeichnet wurden, zu den beliebtesten Volksinstrumenten gehörte. Das Geigenspiel vermag den Zuhörer oft in seinen Bann zu schlagen, und selbst Tiere erliegen seinem Zauber, wie das Märchen vom »Zauberspiel der Geige«, von dem Knaben unter den Füchsen, beschreibt.

Viele Märchen erzählen von der Macht des Geigenspiels oder einer bestimmten Melodie, die nicht nur die Menschen und Tiere, sondern auch Stühle und Bänke, Tische und Geschirr zum Tanzen bringen. Damit spielt dieses Instrument eine zentrale Rolle im Märchen, die weniger in ihrer künstlerischen oder unterhaltenden Funktion begründet ist, sondern die auf ihre ursprüngliche Bedeutung hinweist, die darin besteht, daß die damit erzeugte Musik »zur magischen, zauberischen Erwirkung einer Handlung« dient, wie Leopold Schmidt schreibt.

Gerade diese Wirkung wird in dem Märchen »Die Wundergeige« angesprochen – allerdings in betrügerischer Absicht. Der Bäcker, dessen Geschäfte schlecht gehen, nutzt den Glauben an die Magie seiner Wundergeige aus und verkauft sie an einen wucherischen Kaufmann, der glaubt, man könne mit ihr Tote erwecken. Erst als er seine Frau, die ihn davon abhalten will, den Käufern »das Fell über die Ohren zu ziehen«, erschlagen hat und die Macht der Geige versagt, schlägt er die Geige in Stücke und muß einsehen, daß er etwas falsch gemacht hat; »er nahm Zehrung an sich und lief davon«, heißt es in unserem Märchen. Hier zeigt sich, daß der Glaube an die Magie der Musik bereits ge-

genstandslos geworden ist und das Motiv parodistisch verwendet werden kann. Die schwankhafte Erzählung geht auf ein lateinisches Gedicht des 11. Jahrhunderts von dem Bauern »Unibos« (Einochs) zurück, der alle seine neidischen Nachbarn an der Nase herumführt. Bei Valentin Schumann, auf dessen Schwanksammlung »Nachtbüchlein« (1559) unser Märchen beruht, wird aus dem Bauern ein Bäcker. Es ist ein weitverbreitetes Motiv, das von dem Nürnberger Dichter Jacob Ayrer zu einem Fastnachtsspiel »Der Beck, der sein Weib wieder lebendig geiget hat« verarbeitet wurde. Bei den Brüdern Grimm erscheint das Märchen vom Bauern Einochs unter dem Titel »Das Bürle« (KHM 61). In den ältesten Fassungen dieses Märchens ist das magische Instrument übrigens eine Flöte, das spricht für das hohe Alter dieses Märchens wie auch für die ursprünglich weite Verbreitung dieses Blasinstruments.

Die in den Märchen erwähnten Musikinstrumente sind gewissermaßen Kulturindikatoren, die die jeweilige kulturhistorische Situation anzeigen, in der das Märchen entstanden oder eingewandert ist. Wenn ein Märchen aus einem anderen Kulturkreis übernommen wird, ändern die Erzähler gerade solche Requisiten wie ein Musikinstrument, um das Märchen damit zu aktualisieren beziehungsweise dem eigenen Kulturkreis anzupassen.

Es ist in diesem Zusammenhang interessant zu beobachten, daß das Musikinstrument, auch oder gerade wenn seine magische Funktion im Märchen noch wirksam ist, wie etwa in dem Märchentypus vom »Singenden Knochen«, durchaus auswechselbar ist. Das Instrument ist nur das Vehikel für die übernatürliche Aufdeckung des Mordes; die Tat wird jeweils durch die magischen Verse, die aus dem Instrument tönen, entdeckt.

Ein sehr altertümliches Volksinstrument ist die Maultrommel (Crembalum), die mancherorts auch Brummeisen genannt wird. Es ist in den Alpenländern zu Hause, aber, wie das Märchen »Der Maultrommelspieler« zeigt, auch in Skandinavien. Hier spielt der Bauernsohn den Huldren (Unterirdischen) mit der Maultrommel zum Tanz auf und gewinnt damit eine schöne, mit übernatürlichen Kräften begabte Frau. Durch sie wird er wohlhabend, aber wie in den Alpensagen von den Saligen Frauen, verläßt sie ihn, als er einmal das Tabu bricht, indem er sie schlägt, und damit verläßt ihn auch sein Glück.

Sehr altertümlich ist die aus dem Motivumkreis der »verkehrten Welt« stammende Erzählung von dem lautenspielenden Esel. Sie ist bei den Brüdern Grimm in der Erstauflage des zweiten Bandes als Nr. 58 (später als KHM Nr. 144) unter dem Titel »Das Eselein« abgedruckt. Das Märchen geht auf ein lateinisches Gedicht aus dem 14. Jahrhundert zurück. Der lauten- oder leierspielende Esel wie auch der Esel als Dudelsackpfeifer wurde häufig auf Chorgestühlen (Misericordien) oder auf Pfeilern und Epitaphen als Warnung vor Hochmut und Mahnung zur Bescheidenheit dargestellt, in dem Sinne, daß man nicht Dinge tun solle, zu denen man nicht geschaffen ist. Das Grimmsche Märchen gehört darüber hinaus zu den Erzählungen vom Tierbräutigam, denn das lautenspielende Eselein, das von sich selbst sagt: »Ich bin kein gemeines Stalleselein, ist bin ein vornehmes«, ist natürlich ein verzauberter Königssohn.

Auch die Darstellungen vom Esel als Dudelsackspieler sind dem Mittelalter durchaus geläufig. Sie weisen darauf hin, daß der Dudelsack oder die Sackpfeife in früheren Zeiten auch in Mitteleuropa und nicht nur, wie heute, auf den britischen Inseln und in Irland ein beliebtes Instrument war. Im Widmannschen Faustbuch von 1726 werden beim Hexensabbat »Sackpfeifer und Trommelschläger« erwähnt. In den Ländern freilich, wo der Dudelsack bis heute zu den beliebten Volksmusikinstrumenten gehört, ist das Dudelsackspiel mit magischen und abergläubischen Vorstellungen verbunden. Es ist die Musik der Elfen und der Unterirdischen, die manchmal die Menschen das Spielen lehren. In der hier abgedruckten Sage aus Tipperary ist es ein häßlicher Wechselbalg, also ein von den Unterirdischen ausgetauschtes Kind, das seine Bestimmung in der Dudelsackmusik findet. Neben den herkömmlichen Melodien spielt er aber auch allerlei seltsame Weisen, die alle Dinge und Menschen im Haus zum Tanzen bringen. Als die Eltern eines Tages mit ihm über eine Brücke fahren, kehrt er zu seinem Volk zurück, indem er in den reißenden Fluß springt. Sie »sahen ihn unter dem Brückenbogen hervorkommen, wie er mit kreuzweis geschlagenen Beinen oben auf einer weißhauptigen Welle saß und seine Pfeifen so lustig blies, als wenn nichts vorgefallen wäre«.

Und später heißt es: »Jeder glaubte nicht anders, als daß er zu den Seinigen, dem stillen Volke, heimgegangen sei, um ihnen Musik zu machen.«

Noch Luther glaubte an die Vorstellung des Wechselbalgs; für ihn ist der Wassergeist freilich eine Verwandlungsgestalt des Teufels. In seinen Tischreden (vom 20. 4. 1539) sagt er: »Wechselbälge und Kielkröpfe legt der Satan an der rechten Kinder Statt, damit die Leute geplaget werden. Etliche Mägde reißet er oftmals ins Wasser, schwängert sie und behält sie bei ihm (= sich), bis sie des Kindes genesen, und legt darnach dieselben Kinder in die Wiegen, nimmt die rechten Kinder draus und führet sie weg. Aber solche Wechselbälge sollen, wie man sagt, über achtzehn oder neunzehn Jahre nicht leben.« Nach dem Glauben des Mittelalters vertauschen die Unterirdischen, die Wassergeister, Waldfrauen und andere dämonische Wesen die Kinder der Menschen mit ihren eigenen, um über den menschlichen Säugling Anteil an seiner unsterblichen Seele zu erlangen.

Daß Wassergeister darüber hinaus die Musik lieben, wird häufig berichtet. In mittelalterlichen Handschriften finden sich Miniaturen, die Wassermänner und Wasserfrauen mit einer Fiedel zeigen, die sie in ihrem Element spielen. Manchmal benutzen sie ihr melodisches Spiel auch, um Menschen in ihr nasses Reich zu ziehen.
Andere dämonische Wesen jagen mit einer wilden Musik einher, wie die Wilde Jagd oder das Nachtvolk in Vorarlberg, und die Menschen, die ihnen nachts begegnen, können sich kaum der Magie dieser Musik entziehen. Andere Geister veranlassen einen zufällig vorbeikommenden Spielmann, ihnen aufzuspielen und belohnen ihn dafür, wie es das schwankhafte Märchen »Die zwei buckligen Musikanten« erzählt. Freilich gilt auch hier die alte Volksweisheit, wenn zwei das gleiche tun, ist es noch lange nicht dasselbe ... Das Märchen ist eine Illustration dieses Satzes.
Zu den populären Musikinstrumenten des vorigen Jahrhunderts gehört die Drehorgel, mit der die Bänkelsänger, oder in der k.u.k. Monarchie die »Werkelmänner«, umherzogen, um sich ihren Lebensunterhalt zu verdienen. In dem Märchen von dem »Königssohn in der Drehorgel« hat diese freilich eine ganz andere Funktion.
Hier dient die Drehorgel weniger dem Spiel als einer List. Die Drehorgel hat so viel Raum, daß der junge Prinz sich in ihr verbergen und dadurch die Prinzessin erlösen kann, die in einem unterirdischen Schloß gefangengehalten wird. Es scheint, daß hier Reminiszenzen an die mechanischen Musik- und Schachspielautomaten des 18. und 19. Jahrhunderts anklingen, in denen sich ein kleingewachsener Mensch verbergen konnte. Mit der Erlösung der Prinzessin könnte das Märchen aus Pommern beendet sein. Der Erzähler fügt jedoch noch ein zweites Erzählmotiv an, nämlich die verbreitete Erzählung von der treuen Frau, die als Pilgerin verkleidet ihren Gatten aus der

türkischen Gefangenschaft befreit. Es ist dies ein typischer Volksbuchstoff, der die Gattentreue feiert. Auch hier ist es die Musik, in diesem Falle der Gesang zur Begleitung einer Harfe, mit dem die als Pilger verkleidete Ehefrau an den Hof des türkischen Sultans zieht und sich ihrem Gatten zu erkennen gibt. Die Singverse mit Endreimen in diesem Märchen sind zweifellos literarischer Herkunft, wie auch das ganze Märchen auf ein Volksbuch zurückzugehen scheint. Aber auch hier steht die Musik in verschiedenster Form an den wichtigsten »Gelenkstellen« des Märchens und bildet gewissermaßen das Movens der Erzählung.

*

»Es gibt so viele Klänge im Weltall, als es Tropfen im Meere gibt. Sie alle in der Musik zu verwenden ist gerade so unmöglich, wie das Meer in ein Trinkglas füllen zu wollen«, schreibt Kurt Pahlen in seiner Einführung in die Musik (Zürich 1964).

In der Volksmusik, die von Anfang an in einer engen Verbindung mit der Volkspoesie steht, haben sich ethnische Eigenheiten zu Charakteristika verdichtet, so daß uns bestimmte musikalische Wendungen sofort als italienisch, spanisch oder für ein anderes Volk als »typisch« erscheinen. Im Märchen haben sich naturgemäß nur wenige musikalische Elemente erhalten. Es sind vor allem die Musikinstrumente in ihrem kulturellen Kontext, und nur zu einigen wenigen Märchen, wie etwa dem vom »Singenden Dudelsack«, konnten in unserer Zeit auch die Melodien aufgezeichnet werden. Vieles ist zweifellos verlorengegangen.

Das ist nicht verwunderlich bei einer Erzählung wie dem Märchen, das über Jahrhunderte hin vorwiegend oral, also mündlich überliefert wurde. Wenn einmal Singverse vorkamen, so legten auch hier die Aufzeichner vorzugsweise Wert auf den Text. – So gesehen müssen wir für das wenige, was an Musik im Märchen heute noch aufzufinden ist, dankbar sein; für den Kulturhistoriker und den Musikfreund ist dies mehr, als es zunächst den Anschein haben mag.

Innsbruck, Juli 1994 Leander Petzoldt

Quellenverzeichnis

Der Geiger und seine drei Gesellen
Johann Wilhelm Wolf (Hrsg.), Deutsche Hausmärchen, Göttingen und Leipzig 1851, S. 301–311
Das Zauberspiel der Geige
Paul Nedo, Sorbische Volksmärchen, Bautzen 1956, S. 87f (Der Knabe unter den Füchsen)
Der Gesang des Phönix
Ignaz Vinzenz und Josef Zingerle, Kinder- und Hausmärchen aus Tirol, Innsbruck 1852, Nr. 49 (Der blinde König)
Der Maultrommelspieler
Klara Stroebe, Nordische Volksmärchen, Bd. 2, Jena 1915, S. 318–326, Nr. 56
Der Königssohn in der Drehorgel
Ulrich Jahn, Volksmärchen aus Pommern und Rügen, Norden und Leipzig 1891, S. 169–174, Nr. 32 (Der Pilger)
Hondidldo
Theodor Vernaleken, Kinder- und Hausmärchen der Alpenländer, Wien/Leipzig 1896, S. 1ff, Nr. 1
Der kleine Sackpfeifer
Crofton Croker, Fairy Legends and Traditions of the South of Ireland, London 1862, Nr. 22 (= Irische Elfenmärchen. Übersetzt und eingeleitet von den Brüdern Grimm, Stuttgart 1962, S. 85–93)
Der wunderliche Spielmann
Kinder- und Hausmärchen, gesammelt durch die Brüder Grimm, Band 1, Berlin 1819, Nr. 8
Der Gesang im Schloß
Ignaz und Josef Zingerle, Kinder- und Hausmärchen aus Tirol, Innsbruck 1852, Nr. 34 (Nadel, Lämmlein und Butterwecklein)
Der Prinz mit der Flöte
Robert Michel, Slowakische Märchen, Wien 1944, 91–96 (Berona)

Hadelumpumpum
Ulrich Jahn, Volksmärchen aus Pommern und Rügen, Norden und Leipzig 1891, S. 63–69, Nr. 11
Die Bremer Stadtmusikanten
Alfred Cammann und Alfred Karasek, Volkserzählungen der Karpatendeutschen, Slowakei, Teil 2, Marburg 1981, S. 15–18
Die drei Musikanten
Ludwig Bechstein, Deutsches Märchenbuch, Leipzig 1853, Nr. 40
Das lautenspielende Eselein
Kinder- und Hausmärchen, gesammelt durch die Brüder Grimm, Band 2, Berlin 1815, Nr. 58 (Das Eselein)
Das klagende Lied
Ludwig Bechstein, Neues deutsches Märchenbuch, Leipzig und Pest 1856, Nr. 3
Vom singenden Dudelsack
Laura Gonzenbach, Sicilianische Märchen, Leipzig 1870, S. 329–334
Der alte Dudelsackpfeifer
Heinrich Pröhle, Märchen für die Jugend, Halle 1854, Nr. 14
Die Erschaffung der Geige
Heinrich Wlislocki, Volksdichtung der Zigeuner, Wien 1890, S. 194ff, Nr. 11
Die Wetten des Flötenspielers
Paul Kretschmer, Neugriechische Märchen, Jena 1917, S. 336, Nr. 47
Der beherzte Flötenspieler
Ludwig Bechstein, Deutsches Märchenbuch, Leipzig 1853 (2. Auflage 1857), Nr. 30
Die Wundergeige
Val. Schumann, Nachtbüchlein, 1559, zit. nach: Josef Lattenhofer (ed.), Deutsche Schwänke des 16. Jahrhunderts, III. Bd. Schumanns Nachtbüchlein und Montanus' anderer Teil der Gartengesellschaft, Leipzig 1907, S. 4ff
Das Lied vom alten Hildebrand
Ulrich Jahn, Volksmärchen aus Pommern und Rügen, Norden und Leipzig 1891, S. 81f, Nr. 14 (Hans Hildebrand und der Pastor)
Der musikalische Pope
Erna Pomeranzeva, Russische Volksmärchen, Berlin 1966, S. 548f, Nr. 81

Die zwei buckligen Musikanten
Franz Franzisci, Märchen aus Kärnten, Klagenfurt (1884), S. 5 ff (= Carinthia I, 58, 1868)
Die singende Besenbinderstochter
Karl Bartsch, Sagen, Märchen und Gebräuche aus Mecklenburg, Wien 1879, S. 482 f, Nr. 6
Die ewige Geige
Emil K. Blümml, Quellen und Forschungen zur deutschen Volkskunde, Bd. VI, Wien 1908 (Die ewige Geigen)
Wie der Teufel das Geigenspiel lernte
Adalbert Kuhn, Sagen, Gebräuche und Märchen aus Westfalen, Leipzig 1859, S. 276–279
Der Mönch und das Vögelein
Ludwig Bechstein, Deutsches Märchenbuch, Leipzig 1853 (2. Auflage 1857), Nr. 46
Die wunderbare Musik im Jenseits
Georg Graber, Sagen und Märchen aus Kärnten, Graz 1944, S. 385–387 (Besuch im Totenreich)

Weiterführende Literatur in Auswahl

Bolte, Johannes und Georg Polivka, Anmerkungen zu den Kinder- und Hausmärchen der Brüder Grimm, 5 Bde., Leipzig 1913–1932

Danckert, Werner, Wesen und Ursprung der Tonwelt im Mythos, in: Archiv f. Musikwiss. 12 (1955)

Engel, Carl, Musical Myths and Facts, London 1878 (Boston 1977)

Karlinger, Felix, Wege der Märchenforschung, 2. Aufl., Darmstadt 1985

Laade, Wolfgang, Die Hauptmotive musikalischer Mythen, Sagen, Legenden und Märchen, in: Kontakte 6 (1962), Wolfenbüttel 1962, S. 291 ff, und 1 (1963), Wolfenbüttel 1963, S. 14 ff

Laade, Wolfgang, Musik der Götter, Geister und Menschen, Baden-Baden 1975

Laade, Wolfgang, Musik und Musiker in Märchen, Sagen und Anekdoten der Völker Europas, Baden-Baden 1988

Lüthi, Max, Das europäische Volksmärchen, Tübingen 1985

Mackensen, Lutz, Der singende Knochen. Ein Beitrag zur vergleichenden Märchenforschung, Helsinki 1923

Mackensen, Lutz (Hrsg.), Handwörterbuch des deutschen Märchens, 2 Bde., Berlin/Leipzig 1930/40

Müller, Josef, Das Märchen vom Unibos, Jena (1934)

Otto, Walter F., Die Musen und der göttliche Ursprung des Singens und Sagens, Düsseldorf 1956

Petzoldt, Leander, Bänkelsang. Vom historischen Bänkelsang zum literarischen Chanson, Stuttgart 1974

Petzoldt, Leander, Volksmärchen. Mit Materialien, Stuttgart 1982

Petzoldt, Leander, Märchen, Mythos, Sage. Beiträge zur Literatur und Volksdichtung, Marburg 1989

Petzoldt, Leander, Kleines Lexikon der Dämonen und Elementargeister, München 1990

Petzoldt, Leander, Märchen von Tieren, Frankfurt/Main 1993
Sachs, Kurt, Geist und Werden der Musikinstrumente, Berlin 1929
Schmidt, Leopold, Kulturgeschichtliche Gedanken zur Musik im Märchen, in: (Zs.f.) Musikerziehung 3 (1950), Wien 1950, S. 144ff
Schneider, Marius, Singende Steine, Kassel 1955
Schwarz, Lukas, Das Motiv der Musik im Mythos. Eine psychologische Betrachtung, Zürich 1978
Steger, Das Okkulte in der Musik, Münster/W. 1925
Vogel, M., Onos Lyras. Der Esel mit der Leier, Düsseldorf 1973
Wiora, Walter, Die vier Weltalter der Musik, Stuttgart 1961

Märchen der Welt

Themenmärchen

Orientalische Frauenmärchen
Herausgegeben von Hannelore Marzi
Band 12652

Märchen von Riesen
Herausgegeben von Erich Ackermann
Band 11674

Märchen von Schicksal und Weissagung
Herausgegeben von Barbara Stamer
Band 2888

Märchen von Sonne, Mond und Sternen
Herausgegeben von Ulrike Blaschek-Krawczyk
Band 12531

Märchen von Teufeln
Herausgegeben von Wilhelm Solms und Sigrid Früh
Band 12219

Märchen von Tieren
Herausgegeben von Leander Petzoldt
Band 11943

Märchen von Treue und Freundschaft
Herausgegeben von Hannelore Marzi
Band 11933

Märchen von Vätern und Töchtern
Herausgegeben von Renate Greinacher
Band 2886

Märchen vom Wasser
Herausgegeben von Barbara Stamer
Band 12810

Märchen von Zwergen
Herausgegeben von Erich Ackermann
Band 12472

Fischer Taschenbuch Verlag

fi 1524 / 8 c